LLORO
POR LA TIERRA

LLORÓ
POR LA TIERRA

LLORO
POR LA TIERRA

MILDRED D. TAYLOR

Traducción de Jorge Cardenas Nannetti

GRUPO
EDITORIAL
norma

Barcelona, Bogotá, Buenos Aires, Caracas, Guatemala, México, Miami, Panamá,
Quito, San José, San Juan, San Salvador, Santiago de Chile.

*A la memoria de mi amado padre quien vivió
muchas de las aventuras del joven Stacey y que
era en el fondo el hombre David*

Título original en inglés:
ROLL OF THUNDER, HEAR MY CRY,
de Mildred D. Taylor.
Una publicación de Dial Books for Young Readers
a division of Penguin Books USA Inc.
Copyright © 1976 por Mildred D. Taylor.

Copyright © 1992 para todos los países de habla hispana
por Editorial Norma S.A.,
Apartado Aéreo 53550, Bogotá, Colombia.

Primera reimpresión, 1994
Segunda reimpresión, 1994
Tercera reimpresión, 1995
Cuarta reimpresión, 1995
Quinta reimpresión, 1996

Impreso por Cargraphics S.A. - Imprelibros
Impreso en Colombia - Printed in Colombia.
Febrero, 1996

Dirección editorial, María del Mar Ravassa G.
Edición, Catalina Pizano
Dirección de arte, Mónica Bothe
Ilustración de cubierta, Patricia Rodríguez

ISBN: 958-04-1838-1

DOS PALABRAS DE
LA AUTORA

Mi padre era un maestro narrador. Contaba unas historias que me hacían tenerme las ijadas para no reventar de la risa, mientras me rodaban por las mejillas lágrimas de felicidad; o unas anécdotas de cruel realidad que me ponían la carne de gallina y me hacían dar gracias por mi ambiente cálido y seguro. Contaba cuentos de belleza y de gracia, cuentos de blanda ensoñación, y los pintaba tan a lo vivo como cualquier cuadro, con brochazos de diálogo y carácter. Su memoria detallaba sucesos de diez o de cuarenta años atrás como si hubieran ocurrido ayer.

Al calor de la lumbre en nuestra casa norteña, o en el Sur donde yo nací, aprendí una historia que entonces no estaba escrita en libros sino que pasaba de generación a generación en los escalones de porches iluminados por la Luna o al lado de fogones en ascua en cabañas de un solo cuarto; una historia de abuelos y de esclavitud, y de los años que siguieron a la esclavitud; de los que vivieron no siendo libres aún, pero no permitieron que su espíritu fuera esclavizado. De mi padre el narrador aprendí a respetar el pasado, a respetar mi propia herencia y a mí misma. De mi padre el hombre aprendí mucho más, porque él estaba dotado de una gracia especial que lo hacía sobresalir entre los demás hombres. Era cordial y firme, un hombre cuyos principios no se doblegaban, y poseía en su interior una rara fortaleza que nos sostenía no sólo a mi hermana y a mí y a toda la familia sino también a cuantos buscaban consejo y confiaban en su sabiduría.

Siendo una persona compleja, me enseñó muchas cosas sencillas, cosas importantes que debe aprender una niña: a montar a caballo y a patinar; a hacer pompas de jabón y a amarrar la cometa con un nudo capaz de desafiar los ventarrones de marzo; a bañar a un perrazo ordinario que llamábamos Chiquito. Más adelante me enseñó también las cosas complejas. Me enseñó a conocerme a mí misma, a conocer la vida. Por él supe de ilusiones y de esperanzas. Y por él aprendí a amar las palabras. Sin su enseñanza, sin sus palabras, mis palabras no habrían tenido realidad.

Mi padre murió la semana pasada. Las historias que sólo él sabía contar murieron con él. Pero su voz de alegría y de risa, su fuerza perdurable, sus principios y su sabiduría, son parte de todos los que lo conocieron y lo quisieron bien. Quedan, igualmente, en las páginas de este libro como espíritu rector y poder total.

Mildred D. Taylor
Abril 1976

CONTENIDO

Capítulo I	11
Capítulo II	45
Capítulo III	57
Capítulo IV	89
Capítulo V	129
Capítulo VI	147
Capítulo VII	175
Capítulo VIII	211
Capítulo IX	239
Capítulo X	267
Capítulo XI	295
Capítulo XII	313

Capítulo I

Capítulo II

Capítulo III

Capítulo IV

Capítulo V

Capítulo VI

Capítulo VII

Capítulo VIII

Capítulo IX

Capítulo X

Capítulo XI

Capítulo XII

I

—Chico, ¡muévete! Si sigues así, vamos a llegar tarde.

Mi hermanito menor hizo como si no me hubiera oído. Agarrando con más firmeza su cuaderno forrado en periódico y la caja de lata que contenía su merienda de pan de maíz y salchichas, siguió concentrado en el camino polvoriento. Iba varios pasos detrás de nosotros, sus hermanos: Stacey, Juan Cristóbal y yo, levantando bien cada pie del suelo y volviéndolo a bajar con cautela para que el polvo rojizo de Mississippi no se levantara con cada paso que daba y le cayera en los lustrosos zapatos negros y el puño del pantalón de pana. Siempre meticulosamente aseado, el Chico nunca permitía que ni tierra, ni lágrimas ni ninguna otra cosa ensuciara lo suyo. Hoy no era excepción.

—Si nos haces llegar tarde a la escuela, mi mamá te va a sentar la mano —le advertí, al mismo tiempo que tiraba desesperadamente del alto cuello del traje dominguero que mi mamá me había obligado a ponerme para el primer día de escuela, como si eso fuera una ocasión especial. A mí me parecía que ya era bastante sacrificio ir a la escuela esa hermosa mañana de octubre, parecida a las de agosto y hecha para correr por los sombreados senderos del bosque y meter los pies descalzos en las lagunas. Tener que endomingarse era demasiado pedir. Ni Juan Cristóbal ni Stacey gustaban tampoco de la escuela ni de la ropa. Sólo el Chico, que apenas iniciaba su carrera escolar, encontraba interesantes ambas cosas.

—Ensúciense ustedes si quieren —contestó sin levantar siquiera la vista de sus estudiados pasos—. Yo voy a llegar limpio.

—Mi mamá sí que te va a «limpiar» a ti —le repliqué.

—Déjalo en paz, Cassie —me dijo Stacey malhumorado, dando una patada en el suelo y frunciendo el entrecejo.

—Si no he dicho sino que...

Stacey me cortó con una mirada imperiosa y me callé. En los últimos días había estado de un genio atroz y si yo no hubiera sabido la causa, fácilmente habría podido olvidar que él tenía doce años, que era más grande que yo y que yo le había prometido a mi mamá llegar a la escuela limpia y como toda una dama.

—¡Caray! —murmuré al fin sin poderme dominar—. Yo no tengo la culpa de que este año te toque en la clase de mi mamá.

Stacey frunció aún más el ceño y metió los puños en los bolsillos, pero no contestó.

Juan Cristóbal, que caminaba entre Stacey y yo, nos miraba con temor, pero no intervino. Era un niño pequeño de siete años y no gustaba de las situaciones conflictivas, prefiriendo estar en buenos términos con todos. Sin embargo, era muy sensitivo y ahora, pasando el mango de su caja de merienda de la mano derecha a la muñeca y su emborronado cuaderno de la mano izquierda al sobaco, para dejarse ambas manos libres, metió éstas en los bolsillos y trató de hacer un gesto tan sombrío como el de Stacey y tan agrio como el mío. Pero a los pocos minutos se olvidó de que debía parecer malhumorado y comenzó a silbar alegremente. Pocas eran las cosas capaces de mantenerlo de mal genio largo tiempo, ni siquiera la idea de ir a la escuela.

Yo volví a jalar del cuello de mi traje y arrastré los pies por el polvo, permitiendo que éste me cayera en las medias y en los zapatos como nieve rojiza. Detestaba el traje. Y los zapatos. Con ese vestido no se podía hacer gran cosa, y en cuanto a los zapatos, aprisionaban unos pies acostumbrados a la libertad y a sentir el calor de la tierra.

—Cassie, no hagas eso —me ordenó Stacey viendo arremolinar nubes de polvo alrededor de mis pies. Levanté la vista con ánimo de protestar. El silbido de Juan Cristóbal subió de tono y nerviosa intensidad, y yo, de mala gana, me contuve y seguí andando con mis hermanos, todos pensativos y silenciosos.

El camino salpicado de sol serpenteaba delante de nosotros como una perezosa culebra roja y separaba el bosque de viejos árboles tranquilos a la izquierda del algodonal de la derecha, poblado de gigantescos tallos verdes y púrpura. Una cerca de alambre de púas corría en dirección al Este hasta el fondo del plantío, en una extensión de más de un cuarto de milla hasta encontrar un verde prado en declive que marcaba el término de los cuatrocientos acres de nuestra propiedad. Un viejo roble, visible todavía, señalaba oficialmente el límite de la tierra de los Logans y el comienzo de un espeso bosque. Más allá del bosque protector, extensos campos de labor trabajados por multitud de familias aparceras cubrían dos tercios de una plantación de diez millas cuadradas. Esa era la tierra de Harlan Granger.

En un tiempo nuestra tierra también había pertenecido a los Grangers, pero durante la Reconstrucción[1] éstos la vendieron a un yanqui[2] para pagar impuestos. En 1887, cuando se sacó otra vez a la venta, mi abuelo compró doscientos acres, y en 1918, cuando ya había acabado de pagar los primeros, compró otros doscientos. Era tierra buena y fértil, gran parte de ella todavía bosque virgen y sobre la mitad del terreno no pesaba deuda alguna. Sobre los doscientos acres comprados en 1918 sí había una hipoteca, y se pagaba impuesto sobre los cuatrocientos. Durante los últimos tres años el rendimiento del algodón no había sido suficiente para pagar ambas cosas, además de vivir.

Por esta razón mi papá se había ido a trabajar en el ferrocarril.

En 1930 el precio del algodón cayó, por lo cual en la primavera de 1931 mi papá se fue a buscar trabajo; por el Norte llegó hasta Memphis y por el Sur hasta la región del Delta. También fue al Oeste, hacia Louisiana, y fue allí donde encontró trabajo en la construcción de la vía férrea. Trabajó todo el resto del año lejos de nosotros y no regresó hasta bien entrado el invierno, cuando la tierra estaba fría y estéril. A la primavera siguiente, terminada la siembra, hizo lo mismo.

---

[1] Reconstrucción: período entre 1865 y 1874 durante el cual se concedió amnistía a los estados del Sur que juraran respetar la constitución de los Estados Unidos de América y los decretos de emancipación de los esclavos negros. *(N. del Ed.)*

[2] Yanqui: habitante de la parte Norte de los Estados Unidos de América. *(N. del Ed.)*

Ya corría el año de 1933 y mi papá estaba otra vez en Louisiana poniendo rieles.

Una vez le pregunté por qué tenía que irse, por qué la tierra era tan importante. Me tomó de la mano y me dijo en su modo suave:

—Mira todo eso, Cassie, mi niña. Todo eso es tuyo. Tú nunca has tenido que vivir en tierra ajena, sino en tierra propia, y mientras yo viva y la familia exista, así seguirás. Eso es importante. Tal vez ahora no lo entiendas. Pero un día lo entenderás. Ya verás.

Lo miré con sorpresa cuando me dijo esto, pues bien sabía que toda la tierra no me pertenecía a mí. Una parte les pertenecía a Stacey, a Juan Cristóbal y al Chico, para no hablar de la que les correspondía a la abuelita, a mi mamá y al tío Hammer, hermano mayor de mi papá, que vivía en Chicago. Pero mi padre nunca dividía la tierra en su mente; era simplemente la tierra de los Logans. Por ella, él trabajaba los largos y calurosos veranos machacando acero; mi mamá enseñaba en la escuela y manejaba la finca; la abuela, ya en los sesenta, trabajaba en el campo como una mujer de veinte y además atendía a los quehaceres domésticos; y los muchachos y yo vestíamos ropa muy vieja y desteñida de tanto lavarla; pero los impuestos y la hipoteca se pagaban puntualmente. Mi papá decía que yo lo entendería algún día.

Yo no estaba muy segura.

Donde terminaban los campos y el bosque de Granger abanicaba ambos lados del camino con largas ramas colgantes, un chico larguirucho salió súbitamente de un sendero entre los árboles y le echó su flaco brazo a Stacey. Era Timoteo Avery. Su hermano menor, Claudio, apareció un momento después, sonriendo débilmente como si sonreír le causara dolor. Ninguno de los dos llevaba zapatos, y sus vestidos domingueros, remendados y usados, les colgaban flojos en su frágil armazón. Los Averys eran aparceros en tierras de Granger.

—Bueno —dijo Timoteo marchando alegremente al paso de Stacey—, vamos a empezar otro año de escuela.

—Sí —suspiró Stacey.

—Ah, hombre, no estés tan triste —añadió Timoteo alegremente—; tu mamá es una gran maestra. Yo lo sé.

Y tenía por qué saberlo. Había estado en la clase de mi mamá y había perdido el año. Ahora volvía para repetir.

—¡Muy bueno para ti! —exclamó Stacey—. Tú no tienes que pasar todo el día en una clase con tu mamá.

—Mira el lado bueno, hombre. Piensa en las ventajas —replicó el otro con una sonrisa pícara—. Vas a aprender un montón de cosas antes que todos los demás... por ejemplo, qué va a preguntar en los exámenes.

Stacey se sacudió bruscamente para quitarse de los hombros el brazo de Timoteo.

—Si eso es lo que tú crees, no conoces a mi mamá.

—No era para que te molestaras. No fue más que una idea.

Guardó silencio un momento y luego prosiguió:

—A que les podría dar un notición sobre el incendio de anoche.

—¿Incendio? ¿Qué incendio? —preguntó Stacey.

—¡Hombre! ¿Ustedes no saben nada? La quema de los Berrys. Yo creía que la abuelita de ustedes había estado allá anoche.

Claro que nosotros sabíamos que la abuela había salido esa noche a ver a un enfermo. Entendía de remedios y muchas veces la llamaban a ella en lugar de llamar a un médico cuando había enfermo en alguna casa cercana. Pero no teníamos noticia de ningún incendio, ni yo conocía tampoco a ningunos Berrys.

—¿De qué Berrys está hablando, Stacey? —pregunté—. Yo no conozco a ningunos Berrys.

—Viven allá al otro lado de Smellings Creek. Algunas veces vienen a la iglesia —repuso Stacey vagamente, y luego, volviéndose a Timoteo, dijo—: El señor Lanier vino muy tarde a buscar a la abuelita. Dijo que el señor Berry estaba muy enfermo y quería que ella fuera a cuidarlo, pero no dijo nada de ninguna quema.

—Sí que está enfermo... porque se quemó y casi se muere. El y dos sobrinos. ¿Y saben quién lo quemó?

—¿Quién? —preguntamos a un tiempo Stacey y yo.

—Bueno, pues como parece que ustedes no saben nada —dijo Timoteo con su desesperante manía de exprimir al máximo una noticia—, yo tal vez no debiera decírselo. Les podrían doler las orejitas.

A mí no me gustaba Timoteo y su táctica dilatoria empeoraba las cosas. Le dije:

—Ay, muchacho, ahora no empieces con ésas.

—Anda, Timoteo, dilo de una vez —añadió Stacey.

—Bueno... —murmuró Timoteo y volvió a callar, como si estuviera considerando si debía o no debía hablar.

Llegamos al primero de dos cruces de caminos y doblamos al Norte; una milla más y estaríamos en el segundo, donde deberíamos volver a tomar rumbo al Este. Por fin Timoteo dijo:

—Está bien. Ese incendio de los Berrys no fue ningún accidente. Unos blancos les prendieron un fósforo.

—¿Quieres decir que les prendieron fuego, como si fueran leña? —dijo Juan Cristóbal tartamudeando y abriendo mucho los ojos incrédulos.

—¿Pero por qué? —indagó Stacey. Timoteo se alzó de hombros.

—¡Qué se yo! Lo que sé es que le prendieron fuego a la casa.

—¿Cómo lo sabes? —pregunté yo desconfiada.

—Porque tu mamá, cuando iba a la escuela, pasó a hablar con mi mamá y le contó todo —repuso sonriendo satisfecho de sí mismo.

—¡No me digas!

—Sí, y le hubieras visto la cara cuando salió de casa.

—¿Cómo la tenía? —preguntó el Chico, bastante interesado como para levantar la vista del camino por primera vez.

—Como la muerte —contestó Timoteo en voz muy baja y mirando en torno temerosamente.

Esperó un momento para que sus palabras surtieran un efecto aterrador, pero ese efecto se malogró porque el Chico preguntó:

—¿Cómo es la muerte?

Timoteo se volvió, mortificado:

—¿Es que no sabe nada?

—Pues dime cómo es —insistió el Chico, que tampoco gustaba de Timoteo.

—Como se veía mi abuelo cuando lo iban a enterrar —repuso el interpelado como persona que todo lo sabe.

—Oh —repuso el Chico, perdiendo interés en el asunto y volviendo a concentrar la atención en el camino.

—Te digo, Stacey, hombre, que a veces no

entiendo a esta familia tuya —comentó Timoteo con disgusto, sacudiendo la cabeza.

Stacey se detuvo, considerando si las palabras de Timoteo se debían tomar como una ofensa, pero Timoteo inmediatamente absolvió la duda continuando en tono misterioso:

—No lo tomes a mal, Stacey; claro que todos son buenos chicos, pero esa Cassie casi me hace dar una mano de azotes esta mañana.

—Bien merecido lo tenías —dije yo.

—A ver, cuenta cómo fue eso —dijo Stacey riendo.

—No te reirías si te hubiera pasado a ti. Fue y le contó a tu mamá que yo había ido al salón de baile de los Wallaces y la señora Logan se lo contó a mi mamá. Pero no pasó nada —agregó, echándome a mí una mirada desdeñosa—, porque cuando mi mamá me preguntó, yo le dije que era que Claudio se lo pasaba yendo allá por los dulces que regala a veces el señor Kaleb, y que yo había tenido que ir a sacarlo porque yo sabía muy bien que a ella no le gustaba que fuéramos allá. ¡Y cómo le pegó mi mamá! —agregó muerto de la risa—. Casi lo desuella.

Yo me volví a Claudio:

—¿Por qué permitiste que te echara la culpa?

Pero Claudio no hacía más que sonreír con esa sonrisa enfermiza que tenía. Le temía más a Timoteo que a su mamá.

El Chico volvió a levantar los ojos y vi en ellos

su disgusto con Timoteo. El amistoso Juan Cristóbal le echó un brazo a los hombros a Claudio diciéndole:

—Ven conmigo, Claudio, adelantémonos.

Así lo hicieron corriendo camino adelante. Stacey, que por lo común pasaba por alto las marrullas de Timoteo, sacudió la cabeza y le dijo:

—Eso fue una bellaquería.

—¿Qué querías que hiciera? No le podía confesar que voy allá porque me gusta, ¿no? ¡Me desuella vivo!

«Y nos veríamos libres de él», dije yo para mi coleto, prometiendo que si alguna vez me jugaba a mí una mala pasada como ésa, le rompería la cabeza.

Llegábamos ya a la segunda vuelta del camino, que allí pasaba entre sendas zanjas profundas a uno y otro lado, mientras que el bosque tupido llegaba hasta el borde mismo de altos y escarpados taludes gredosos. De pronto Stacey se volvió y gritó:

—¡Corran! ¡Fuera del camino!

Sin replicar palabra, todos, menos el Chico, trepamos velozmente por el empinado talud de la derecha para ganar el bosque.

—Ven aca, Chico, hazme caso —gritaba Stacey, pero el niño sólo miraba al abrupto declive apenas cubierto por unas pocas zarzamoras y seguía caminando.

—Se me ensucia la ropa —protestó.

—Más se te va a ensuciar si te quedas allí. ¡Mira!

El Chico se volvió y vio con ojos desorbitados que un autobús se le venía encima levantando una roja polvareda, como un enorme dragón amarillo vomitando fuego. El Chico corrió hacia el talud pero éste era muy empinado. Corrió entonces desesperado por el camino buscando un sitio donde hacer pie, y encontrándolo al fin, trepó a lo alto, pero no antes de que pasara el autobús a toda velocidad envolviéndolo en una nube escarlata mientras caras blancas se desternillaban de la risa en las ventanillas del vehículo.

El Chico agitó el puño amenazador en el aire espeso, luego se miró con desconsuelo.

—Conque el Chico ha echado a perder su vestido dominguero —dijo Timoteo burlándose, mientras saltábamos otra vez al camino. Lágrimas de rabia inundaban los ojos del Chico, pero se las limpió antes de que Timoteo pudiera advertirlas.

—Ah, calla la boca, Timoteo —exclamó Stacey.

—Sí, cállate —repetí yo.

—Vamos, Chico —dijo Stacey—, y la próxima vez, obedéceme.

Stacey bajó también al camino, sacudiéndose el polvo.

—¿Por qué han hecho eso, Stacey? ¿Por qué no podían parar mientras nosotros nos hacíamos a un lado?

—Porque les gusta vernos correr y no es el

23

autobús nuestro —repuso Stacey cerrando los puños y metiéndoselos con rabia en los bolsillos.

—¿Y dónde está nuestro autobús? —preguntó el Chico.

—Nosotros no tenemos autobús.

—¿Por qué no?

—Pregúntale a mamá —contestó Stacey, al tiempo que por un sendero del bosque venía corriendo hacia nosotros un muchacho rubio, descalzo. Pronto nos alcanzó y siguió al paso con Stacey y Timoteo.

—Hola, Stacey —dijo con cierta cortedad.

—Hola, Jeremy —contestó éste. Se hizo un silencio embarazoso.

—¿Hoy se abre la escuela de ustedes?

—Sí.

—Ojalá que la nuestra se abriera también hoy —suspiró Jeremy—. Ha estado abierta desde fines de agosto.

—Sí —volvió a decir Stacey.

Jeremy pateó vigorosamente el polvo y dirigió la mirada al Norte. Era un muchacho raro. Tenía los ojos azules muy pálidos y parecía que le lloraban cuando hablaba. Desde que comenzó la escuela nos acompañaba todas las mañanas hasta el cruce y nos volvía a encontrar allí todas las tardes. En su escuela los compañeros se burlaban de él por meterse con nosotros y más de una vez vimos en sus brazos moretones que su hermana mayor, Lillian Jean, mostraba con satis-

24

facción como el condigno castigo por ese desliz. Con todo, Jeremy seguía saliendo a encontrarse con nosotros.

Cuando llegamos al cruce, otros tres niños, una niña de unos doce o trece años y dos varones, todos muy parecidos a Jeremy, pasaron rápidamente. La niña era Lillian Jean.

—Jeremy, ven con nosotros —le ordenó sin siquiera volver atrás la cabeza, y Jeremy, sonriendo mansamente, nos hizo un tímido ademán de despedida y la siguió.

Nos quedamos un rato mirándolos. Jeremy volvió a mirar una vez, pero Lillian Jane le gritó ásperamente, y él no lo volvió a hacer. Se dirigió a la escuela rural Jefferson Davis, un largo edificio blanco de madera que se distinguía en la distancia. Detrás del edificio había un amplio campo de deportes y alrededor graderías dispersas de bancas grises. Enfrente se veían dos autobuses amarillos, nuestro atormentador y el que llevaba a los alumnos de la dirección opuesta, y escolares que esperaban en el patio a que tocaran la campana para entrar. En el centro mismo del prado ondeaban al viento el rojo, blanco y azul de la bandera de Mississippi con el emblema de la Confederación[1] estampado en la esquina superior izquierda. Debajo de ella flo-

---

[1] Confederación sudista: nombre que se dio a los once estados del Sur de los Estados Unidos que entre 1860 y 1861 se independizaron del gobierno fiscal. (*N. del Ed.*)

taba la de los Estados Unidos. Mientras Jeremy y su hermana y hermanos se encaminaban en dirección a aquellas banderas trastrocadas, nosotros enderezamos nuestros pasos al Este, hacia nuestra propia escuela.

La Escuela Elemental y Secundaria de Great Faith, una de las más grandes escuelas para negros del distrito, era el triste destino de nuestra jornada. Se componía de cuatro casas de madera, muy averiadas por la intemperie y sostenidas sobre pilotes de ladrillo; tenía 320 alumnos, siete maestras, un director, un vigilante, y la vaca del vigilante que mantenía el prado suficientemente podado en primavera y en verano. La escuela estaba situada cerca de las plantaciones, de las cuales la más cercana y la más grande era sin duda la de Granger. La mayor parte de los alumnos pertenecía a familias de aparceros que cultivaban esas tierras; los demás provenían de familias de las plantaciones de Montier y de Harrison. Como los estudiantes se necesitaban en los campos desde comienzos de la primavera, cuando se hacía la siembra del algodón, hasta que terminaba la recolección en el otoño, la escuela, acomodándose a las circunstancias, iniciaba clases en octubre y cerraba en marzo. Aun así, a partir de hoy muchos de los muchachos mayores no se volverían a ver durante uno o dos meses, o hasta que se hubiera recogido el último

26

copo de algodón de los campos, y no eran pocos los que al fin desertaban del todo de la escuela. Debido a esto los cursos superiores eran cada año menos numerosos.

Las casitas de la escuela formaban un semicírculo de espaldas al macizo del bosque y daban frente a una iglesia de un recinto único, al otro lado del terreno. A esta iglesia era a la que asistían la mayoría de los alumnos y sus familias. Cuando llegamos, la gran campana del campanario tañía vigorosamente para advertir a los estudiantes que sólo les quedaban cinco minutos de libertad.

El Chico inmediatamente se abrió paso por el prado para ir al pozo. Stacey y Timoteo, olvidándose de los demás, ya que se encontraban en los terrenos de la escuela, se fueron con sus compañeros de séptimo grado, y Juan Cristóbal y Claudio corrieron a reunirse con sus condiscípulos del año pasado. Yo me quedé sola. Lentamente me dirigí al edificio donde funcionaban los cuatro primeros grados y me senté en el peldaño más bajo. Dejando caer al suelo mis lápices y mi cuaderno, apoyé los codos en las rodillas y la barbilla en las palmas de las manos.

—Hola, Cassie —dijo Mary Lou Wellever, la hija del director, que pasó frente a mí estrenando un traje amarillo.

—Hola —le contesté, pero tan de mal humor que no se detuvo. La seguí un momento con la

27

vista, pensando que Mary Lou no *podía* dejar de tener vestido nuevo. Nadie más estrenaba. Los remiendos en desteñidos pantalones y batas abundaban entre niños y niñas que acababan de salir del calor de los algodonales. Las niñas permanecían de pie en poses desmañadas, sin atreverse a sentarse, y los muchachos se asfixiaban con sus altos cuellos almidonados. A los afortunados que poseían zapatos, éstos les apretaban y cambiaban el peso del cuerpo de un pie al otro en busca de alivio. Aquella misma noche los vestidos domingueros serían envueltos en periódicos y guardados para el domingo, mientras que los zapatos se empacarían para no volverse a sacar sino cuando enfriara la estación y los pies descalzos ya no resistieran los caminos congelados; pero por el momento, todos sufríamos.

Al otro lado del patio alcancé a ver a Moe Turner que se dirigía muy apurado al edificio de séptimo grado, y me admiré de su energía. Moe era uno de los amigos de Stacey. Vivía en la plantación de Montier, a tres horas y media de camino de la escuela. Por causa de la distancia muchos niños de Montier no asistían a Great Faith una vez que terminaban los cuatro años de la escuelita de Smellings Creek. Pero había algunos niños y niñas, como Moe, que hacían a diario la caminata, saliendo de su casa cuando el cielo estaba aún negro y no regresaban hasta que volvía a caer la noche. Yo me alegraba de no vivir tan lejos. No creo que mis pies hubieran tenido tanto interés en mi educación como para realizar semejante proeza.

Tocaron la segunda campana. Me puse en pie sacudiéndome el polvo de las posaderas mientras los niños de primero, segundo, tercero y cuarto se agolpaban en las escaleras para entrar. El Chico pasó muy orgulloso, con cara y manos limpias y sus zapatos negros lustrosos, otra vez. Me vi los míos cubiertos de polvo rojo y, alzando el pie derecho, lo froté en mi pantorrilla izquierda, y en seguida invertí el procedimiento. Con el último tañido de la campana que reverberaba sobre el patio, recogí mis lápices y mi cuaderno y entré corriendo.

Desde la entrada hasta la puerta trasera del edificio había un pasillo, a cada lado del cual se abrían dos puertas. Ambas daban acceso a una misma pieza grande que estaba dividida en dos aulas con una pesada cortina de lona. Los grados segundo y tercero estaban a la izquierda; primero y cuarto a la derecha. Fui hasta el fondo del edificio, giré a la derecha y fui a sentarme a un banco de la tercera fila, que ocupaban Gracey Pearson y Alma Scott.

—Aquí no te puedes sentar —objetó Gracey—. Ese puesto se lo estoy guardando a Mary Lou.

Vi que Mary Lou Wellever estaba colocando su cubo de la merienda en un estante al fondo del aula, y le contesté:

—Pues no se lo guardarás más.

La señorita Daisy Crocker, amarilla y con ojos de castaña, me lanzó desde el centro del aula una mirada que quería decir: «¡Conque es la tal Cassie Logan!» Frunció los labios, descorrió la cortina en su oxidada barra de hierro y la enrolló en un lazo cerca de la pared. Con la cortina abierta, los niños de primero se quedaron mirándonos. El Chico ocupaba asiento cerca de la ventana, las manos cruzadas, esperando pacientemente que hablara la señorita Crocker. Mary Lou me empujó:

—Ese es mi puesto, Cassie Logan.

—Mary Lou Wellever —ordenó severa la señorita Crocker—, siéntate.

—Sí, señorita —dijo Mary Lou echándome una mirada de odio puro antes de alejarse.

La señorita Crocker se dirigió muy rígida a su escritorio, colocado sobre un pequeño estrado y cubierto con un rimero de objetos tapados con un encerado. Golpeó el escritorio con una regla, a pesar de que la clase estaba en completo silencio, y dijo:

—Bienvenidos, niños, a la Escuela Elemental de Great Faith —volviéndose un poco para mirar directamente al lado izquierdo del aula, continuó—: A los de cuarto, me alegro de tenerlos a todos en mi clase. De todos espero cosas muy buenas —luego, dirigiéndose al lado derecho del aula, dijo—: Y a nuestros amiguitos de primero, que hoy empiezan apenas a recorrer el camino de los conocimientos y de la educación, les deseo que sus pequeños pies hallen los senderos del aprendizaje seguros y siempre abiertos.

Yo, ya aburrida del discurso, estiré el brazo derecho sobre el pupitre y apoyé la cabeza en la mano levantada. La maestra esbozó una sonrisa mecánica, volvió a golpear el escritorio y continuó dirigiéndose a los niños de primero:

—Su maestra, pequeñines, la señorita Davis, se ha visto obligada a permanecer unos días en Jackson, de modo que yo tendré el placer de rociar sus pequeñas mentes con los primeros rayos de la ciencia.

Los miró muy complacida, como si esperara que la aplaudieran por esta noticia, y luego, revolviendo sus grandes ojos para abarcar también a los de cuarto, prosiguió:

—Pero como yo no soy sino una sola persona, tendremos que hacer un sacrificio durante los próximos días. Vamos a tener que trabajar, trabajar y trabajar, pero trabajaremos como niñas y niños cristianos y vamos a compartir, compartir, compartir. ¿Estamos todos dispuestos a hacer eso?

—SI, SEÑORITA CROCKER —contestaron los niños en coro.

Pero yo guardé silencio. Nunca me gustaron las respuestas en grupo. Acomodando mejor la cabeza que tenía apoyada en la mano, di un profundo suspiro, pensando en el incendio de los Berrys.

—¿Cassie Logan?

Levanté la vista, alarmada.

—¡Cassie Logan!

—Sí, señorita.

Me puse en pie de un salto para hacer frente a la señorita Crocker.

—¿No estás dispuesta a trabajar y a compartir?

—Sí señora.

—¡Pues dilo entonces!

—Sí señora —musité otra vez, volviéndome a sentar entre las risillas de Mary Lou, Gracey y Alma. No hacía cinco minutos que había comenzado el nuevo año escolar y yo ya estaba metida en líos.

Para las diez de la mañana la maestra ya había cambiado la distribución de los puestos en la clase y estaba apuntando en su cuaderno los nombres de los niños y la posición de cada uno. Yo quedé de todas maneras al lado de Gracey y Alma pero las tres pasamos de la tercera fila a la primera, enfrente de una pequeña estufa de hierro. Aunque no era un halago quedar bajo la mirada directa de la maestra, la perspectiva de disfrutar de un poco de calor una vez que entrara el tiempo frío, no era tampoco despreciable, así que resolví sacar el mejor partido de mi dudosa posición.

En seguida la señorita Crocker hizo un anuncio increíble: este año todos tendríamos libros.

La sorpresa fue general, pues la mayor parte

de los alumnos nunca había tenido un libro en sus manos, como no fuera la Biblia familiar. Confieso que hasta yo misma me emocioné un poco. Mi mamá tenía algunos libros, pero yo jamás había poseído uno que fuera mío propio.

Todos esperábamos ansiosos a que los descubriera.

—Ha sido una suerte —explicó— que podamos disponer de estos libros de lectura. El superintendente escolar del distrito vino personalmente a traerlos y debemos cuidarlos mucho, pero mucho. Prometamos, pues, que vamos a cuidar nuestros nuevos libros lo mejor que podamos.

Hizo una pausa, observando nuestra reacción, y luego prosiguió, clavando en mí una mirada severa:

—Bien, todos a una, vamos a repetir: «Prometemos cuidar bien nuestros libros nuevos».

—¡PROMETEMOS CUIDAR BIEN NUESTROS LIBROS NUEVOS!

—Perfectamente.

Muy sonriente y orgullosa, la señorita Crocker llegó al escritorio y retiró el encerado. Como yo estaba tan cerca, pude ver que la pasta de los libros, roja y abigarrada, estaba muy gastada y los cantos grises de las páginas habían sido estropeados con lápices de color y tinta. Mi expectativa de tener un libro nuevo se convirtió en profunda desilusión. Pero la maestra continuó muy sonriente llamando a los niños de cuarto uno por uno. A medida que se acercaban les iba entregando un libro a cada uno, después de anotar en su lista el número correspondiente.

Cuando yo fui por el mío observé que los chicos de primero miraban ansiosos cómo disminuía la pila. La maestra también debió notarlo, pues les dijo:

—No se preocupen, niños, que para ustedes también hay bastantes cartillas... allí, en la mesa de la señorita Davis.

Los niños dirigieron la mirada al escritorio, también cubierto, de la maestra ausente, y se oyó en el aula un suspiro colectivo de alivio.

Miré en dirección al Chico. Estaba radiante de emoción. Yo sabía que desde su asiento no podía ver las pastas sucias y las páginas estropeadas; y aun cuando su prurito de limpieza resultaba a ratos enfadoso, no quería pensar cuál sería su desilusión cuando viera los libros tales como eran realmente. Pero como no había nada que hacer, abrí mi libro por el centro y me puse a hojear las manchadas páginas. Niñas de trenzas rubias y niños de ojos azules me devolvían la mirada. Encontré un cuento sobre un niño y su perro perdidos en una cueva y empecé a leer mientras la voz de la señorita Crocker seguía zumbando monótona. Súbitamente me di cuenta de una alteración en esa monotonía y levanté los ojos. La señorita Crocker estaba sentada al escritorio de la señorita Davis repartiendo los libros de primero y miraba airada al Chico, parado frente a ella, quien rechazaba el suyo.

—¿Qué es lo que dices, Clayton Chester Logan? —preguntó.

Se hizo silencio en toda el aula. Todos comprendimos que el Chico se había metido en un lío pues nadie lo llamaba jamás «Clayton Chester» a menos que el asunto fuera sumamente grave. El también lo sabía. Despegó los labios ligeramente, al tiempo que retiraba la mano del libro. Temblaba, pero no apartó los ojos de la señorita Crocker al contestar con una vocecita chillona:

—Decía... decía que si por favor me podía dar otro libro porque éste está sucio.

—¡Sucio! —repitió la señorita Crocker aterrada por semejante audacia. Se puso en pie mirándolo como una giganta huesuda, pero él levantó la cabeza y le sostuvo la mirada—. ¡Sucio! ¿Y quién te crees tú, Clayton Chester? El distrito nos da estos maravillosos libros en estos tiempos difíciles y ¿tú me vas a decir que están sucios? O recibes el que te di, o te quedas sin nada.

El Chico bajó los ojos y calló. Así estuvo un rato, mirando el libro. La cara apenas se le veía por encima del escritorio. Luego volvió a mirar los pocos libros que quedaban y, comprendiendo sin duda que todos estaban en tan mal estado como el que la maestra le había dado a él, me lanzó a mí una mirada, que yo le contesté con un ademán de la cabeza. Entonces miró otra vez a la señorita Crocker, tomó el libro del borde del escritorio y regresó a su puesto muy derecho, con la cabeza levantada.

La señorita Crocker se volvió a sentar.

—Aquí parece que hay algunos que se quieren dar aires —dijo—, y no lo voy a tolerar en absoluto... Sharon Lake, ven por tu libro.

El Chico volvió a ocupar su puesto entre otros dos condiscípulos. Durante un rato se quedó mirando por la ventana con cara de piedra; luego, aceptando aparentemente el hecho de que el libro que le habían dado era lo mejor que podía esperar, lo tomó y lo abrió. Pero en cuanto vio la contracubierta se le nubló el rostro y su expresión cambió de resignación a indignación. Frunció el entrecejo, abrió mucho los ojos y de repente tomó aliento y saltó de su asiento como un animal herido, tirando el libro al suelo y pisoteándolo locamente.

La señorita Crocker corrió a su lado, lo agarró con sus manos poderosas, lo sacudió vigorosamente y lo volvió a dejar en el suelo.

—¿Qué te pasa, Clayton Chester?

El Chico no contestó. Miraba el libro abierto en el suelo y temblaba de rabia e indignación.

—¡Alzalo! —ordenó ella.

—No quiero.

—¡Cómo que no quieres! Te doy diez segundos para alzar ese libro, muchacho, o voy por mi vara.

El Chico se mordió el labio. Yo sabía que no iba a recoger el libro. Entonces abrí el mío e instantáneamente comprendí por qué el Chico estaba tan furioso. En la contracubierta había una lista que decía así:

PROPIEDAD DE LA JUNTA DE EDUCACION
Distrito de Spokane, Mississippi
Septiembre, 1922

Número de orden	Fecha de entrega	Estado del libro	Raza del estudiante
1	Septiembre 1922	Nuevo	Blanca
2	Septiembre 1923	Excelente	Blanca
3	Septiembre 1924	Excelente	Blanca
4	Septiembre 1925	Muy bueno	Blanca
5	Septiembre 1926	Bueno	Blanca
6	Septiembre 1927	Bueno	Blanca
7	Septiembre 1928	Regular	Blanca
8	Septiembre 1929	Regular	Blanca
9	Septiembre 1930	Regular	Blanca
10	Septiembre 1931	Malo	Blanca
11	Septiembre 1932	Malo	Blanca
12	Septiembre 1933	Muy malo	Negra

Seguían líneas en blanco hasta la número 20, que se habían reservado para los alumnos negros. Se me hizo en la garganta un nudo de rabia y allí se quedó. Pero cuando la señorita Crocker le ordenó al Chico que se agachara sobre el asiento de los azotes, dejé a un lado mi cólera y poniéndome en pie grité:

—No, señorita Crocker, ¡por favor! Yo sé por qué tiró el libro.

La mirada de la maestra me advirtió que no debía decir ni una palabra más.

—¿También tú quieres tu parte de la vara, Cassie?

—No, señorita. Sólo le quería decir por qué el Chico hizo lo que hizo.

—¡Siéntate! —me ordenó, cuando yo me dirigía hacia ella con el libro abierto en la mano. Se lo enseñé diciéndole:

—Mire, señorita Crocker, vea lo que dice. Nos dan a nosotros estos libros viejos cuando ya no les sirven —me miró con impaciencia, pero sin mirar el libro.

—¿Cómo sabe él lo que dice? Si no sabe leer.

—Sí sabe, señorita. Lee desde que tenía cuatro años. No puede leer las palabras muy largas pero estas columnas sí. Mire el último renglón. Por favor, señorita Crocker.

Esta vez sí miró, pero su rostro no mudó de expresión. En seguida, levantando la cabeza, me miró sin pestañear.

—Vea cómo nos llaman —le dije por si no había visto.

—Eso es lo que eres tú —dijo con frialdad—. Ve a sentarte.

Me di cuenta de que la señorita Crocker no tenía ni idea de lo que a nosotros nos dolía. Había visto la página y no había entendido nada.

—¡Te he dicho que te sientes, Cassie!

Di unos pasos en dirección a mi puesto, pero al oír zumbar en el aire la vara del castigo, me volví y le dije:

—Señorita Crocker, yo tampoco quiero el mío.

La vara cayó despiadadamente sobre las nalgas expuestas del Chico. La maestra me miró incrédula cuando me acerqué a su mesa y dejé en ella el libro. En seguida blandió la vara otras cinco veces y, convencida ya de que el Chico no estaba dispuesto a llorar, le ordenó que se levantara.

—Ahora, Cassie, ven tú a recibir tu merecido.

Cuando terminaron las clases yo había resuelto contárselo todo a mi mamá antes de que se lo contara la señorita Crocker. Nueve años de pruebas y ensayos me habían enseñado que el castigo siempre era más leve si yo misma le decía toda la verdad a mi mamá antes de que hubiera oído nada de labios ajenos. Bien sabía que durante la hora del almuerzo la señorita Crocker no le había dicho nada porque pasó toda la hora en el salón de clase preparando las cosas para la sesión de la tarde.

Apenas nos soltaron, salí a toda prisa abriéndome paso por entre los grupos de alumnos felices de verse libres; mas no bien había llegado al edificio de séptimo grado cuando tuve la desdicha de topar con el señor Wellever, el padre de Mary Lou. Este me miró de arriba abajo, sorprendido de que yo hubiera tenido la osadía de chocar con él, y procedió a sermonearme sobre la conveniencia de fijarse por dónde anda uno. Mientras tanto, la señorita Crocker cruzó el patio en dirección al edificio donde estaba el salón de mi mamá, y cuando al fin logré escapar del señor Wellever, ya ella había desaparecido en la oscuridad del corredor.

El salón de mi mamá quedaba al fondo. Avancé por el silencioso corredor sin hacer ruido y me asomé con cautela a la puerta, que estaba abierta. Mamá, acomodando un mechón rebelde de su cabellera larga y crespa en el moño que llevaba en la base de su fina nuca, estaba sentada al escritorio y la señorita Crocker le ponía delante un libro.

—Mira eso, Mary —dijo la señorita Crocker golpeando dos veces el libro con la punta del dedo índice—. Un libro perfectamente bueno echado a perder. Mira ese lomo roto y esas huellas que dejaron las patadas.

Mi madre observó el libro sin decir palabra.

—Y éste es el que no quiso recibir Cassie —continuó, asentando indignada el segundo libro sobre el escritorio—. Por lo menos a ella no le dio un berrinche ni lo pisoteó. Francamente, Mary, no sé qué les pasó a estos niños hoy. ¡Yo sé que Cassie se gasta un geniecillo!... Pero el Chico siempre había sido un caballerito perfecto.

Mi mamá examinó el libro que yo había rechazado y lo abrió por la contracubierta de manera que le quedaron a la vista las páginas acusadoras de ambos libros. Tranquilamente preguntó:

—¿De modo que por esta primera página fue que Cassie y el Chico no quisieron los libros?

—Sí. ¡Qué necedad! Eso está en todos los libros. No me explico por qué les dio tanta rabia.

—¿Y tú los castigaste?

—¡Pues claro está! A cada uno le di su mano de varapalos. ¿No habrías hecho tú lo mismo?... ¿Era mi deber, no? —añadió poniéndose a la defensiva, en vista de que mi madre no había contestado.

—Por supuesto, Daisy; te desobedecieron —dijo ésta al fin, pero en un tono tan mesurado y neutral que fue notorio que la señorita Crocker no quedó satisfecha.

—Pues me pareció que debía enterarte, Mary, por si tú también quieres castigarlos.

—Sí, desde luego, Daisy; muchas gracias —contestó mi mamá sonriendo y medio distraída.

Abrió luego el cajón del escritorio y sacó papel, un par de tijeras y un frasco de goma. La señorita Crocker, muy molesta por la poca importancia que mi madre parecía conceder a un asunto de tanta gravedad, echó atrás los hombros y alejándose un poco de la mesa, dijo:

—Comprenderás que si no tienen esos libros para estudiar, tendré que reprobarlos en lectura y composición, pues he planeado todas las lecciones en torno de...

Se interrumpió abruptamente y miró a mi madre alarmada:

—¡Mary! ¿Qué estás haciendo?

Mi madre no contestó. Había recortado el papel al tamaño de los libros, y ahora untaba de goma la contracubierta de uno de éstos. En seguida tomó una hoja de papel y la asentó sobre la goma.

—¿Qué haces, Mary Logan? Esos libros son de propiedad del distrito. Si alguien viene de la oficina del superintendente y ve ese libro, te va a costar caro.

Mamá rió y tomó el segundo libro para hacerle la misma operación.

—En primer lugar, nadie se toma el trabajo de venir a visitarnos, y en segundo lugar, si alguien viniera tal vez vería todas las cosas que nos hacen falta: libros al día para todas las materias, no simplemente los que otros desechan, pupitres, papel, encerados, borradores, mapas, tiza...

—Morder la mano que da el pan. Eso es lo que

42

tú estás haciendo, Mary Logan, mordiendo la mano que te da el pan.

—En ese caso, Daisy, creo que no me hace falta ese pan.

—Les das mal ejemplo a tus hijos, Mary. Algún día tienen que aprender cómo son las cosas.

—Aprender sí, pero eso no quiere decir que tengan que aceptarlas... y tal vez nosotras tampoco.

La señorita Crocker la miró con desconfianza. Aun cuando mi mamá había sido maestra en Great Faith desde hacía catorce años, desde que se graduó a los diecinueve en la Normal de Crandon, todavía muchos de sus colegas la consideraban una disidente perturbadora. Sus ideas eran siempre un poco radicales y sus palabras muy punzantes. El hecho de que no se crió en el distrito de Spokane sino en el Delta la hacía aún más sospechosa, y las maestras de un modo de pensar más convencional, como la señorita Crocker, se cuidaban de ella.

—Bueno —dijo ésta— si alguien viene del distrito y ve los libros estropeados de Cassie y del Chico, yo ciertamente no me voy a hacer responsable por ellos.

—Será bien fácil saber quién es la responsable, Daisy, con sólo abrir los libros de séptimo grado, porque mañana los voy a «estropear» todos en la misma forma.

La señorita Crocker, no encontrando nada que

replicar, se volvió imperiosa y se dirigió a la puerta. Yo huí velozmente por el corredor y esperé hasta que saliera; luego volví a entrar.

Mi mamá seguía sentada ante el escritorio, muy callada. Durante largo tiempo no se movió. Cuando se movió fue para tomar uno de los libros de séptimo grado y empezar a engomar otra vez. Yo hubiera querido ayudarle, pero algo me decía que no era oportuno revelar mi presencia en ese momento, y me retiré.

Esperaría hasta la noche para hablar con ella; ya la cuestión no corría prisa. Ella comprendía.

II

—Cuidado, Cassie, niña, ten cuidado —dijo Mamá Grande, poniéndome en la espalda su ruda manaza para que no me fuera a caer.

Miré a la abuela mientras escalaba uno de los palos que mi papá había clavado para señalar la altura del algodonal. Mamá Grande era la mamá de mi papá, y como él, alta de estatura y recia de constitución. Tenía la piel limpia y tersa, del color de la nuez de pacana.

—Ah, Mamá Grande, no me voy a caer —le contesté y subí un poco más para alcanzar un fibroso copo de algodón que estaba en un elevado tallo.

—Ojalá que no —dijo ella—. Era mejor el algodón bajito como el que teníamos allá abajo en Vicksburg. No me gusta que los niños se estén subiendo a esos palos.

Miró en torno, con la mano en la cadera. Juan Cristóbal y el Chico guardaban hábilmente el equilibrio en palos más bajos, cogiendo lo último que quedaba del algodón; Stacey, ya demasiado pesado para trepar a los palos, tenía que quedarse en el suelo. Mamá Grande nos pasó revista a todos otra vez, y en seguida, con su saco de arpillera terciado al hombro derecho y colgándole a la izquierda a la cintura, se dirigió surco abajo adonde estaba mi mamá.

—Mary, niña, con lo que ya hemos cogido hoy me parece que tenemos para otro bulto.

Mi madre estaba inclinada sobre una rama baja de algodón. Echó un último copo en su mochila y se enderezó. Era delgada y vigorosa, con la piel del color de la canela y las facciones delicadas en un rostro de fuertes quijadas; siendo casi tan alta como Mamá Grande, se veía muy pequeña a su lado.

—Sí, creo que sí —dijo—. El lunes lo podemos llevar a casa de Granger a hacerlo desmotar, y después... ¡Cassie! ¿Qué te pasa?

No le contesté. Me había subido hasta el tope del palo y desde allí dominaba una amplia vista por encima del plantío hasta el camino, por donde venían dos hombres, uno más alto que el otro. Había en el paso suelto y desembarazado del más bajo un aire tan familiar para mí que me

hizo contener el aliento. Apreté los ojos protegiéndome del sol y me deslicé a toda velocidad
palo abajo.

—¿Cassie?

—¡Es mi papá!

—¿David? —dijo mi madre sin poderlo creer.

Juan Cristóbal y el Chico bajaron precipitadamente de sus palos y corrieron detrás de mí y de
Stacey en dirección a la cerca de alambre.

—¡Cuidado con la cerca! —alcanzó a gritarnos
Mamá Grande, pero hicimos como si no hubiéramos oído. Separando entre dos el segundo y el
tercer alambre de púas para que pasaran los
demás, salimos todos al camino y corrimos al
encuentro de mi papá.

Cuando él nos vio, también corrió hacia nosotros, ágil y veloz como el viento. El Chico, que
fue el primero en llegar, se vio alzado en el aire
por los fuertes brazos de mi padre, mientras
Juan Cristóbal, Stacey y yo lo rodeábamos.

—¿Por qué viniste, papá? —preguntó el Chico.

—Tenía que venir a ver a mis nenes —dijo él
poniéndolo en el suelo para abrazarnos y besarnos a todos—. ¡Cómo están de grandes! Ya no les
puedo decir nenes —agregó con orgullo, y volviéndose a su compañero—: Señor Morrison,
¿qué le parecen estos hijos míos?

En medio de nuestra emoción, no habíamos
parado mientes en este caballero, que permanecía en silencio a la vera del camino; pero ahora,

levantando la vista, nos encontramos con la figura más formidable que hubiéramos encontrado jamás, y nos apretamos más en torno a mi padre.

El hombre era un árbol humano en estatura, mucho más alto que mi papá que medía 1.88. En su largo tronco resaltaba una vigorosa musculatura, y la piel, del más profundo ébano, la tenía en parte señalada con cicatrices como de fuego en la cara y el cuello. La vida le había surcado la frente de profundas arrugas y le había dejado en el pelo manchas grisáceas, pero tenía la mirada clara y penetrante. Eché un vistazo a mis hermanos y era evidente que ellos también se preguntaban de dónde había salido semejante personaje.

—Niños —dijo mi papá—, les presento al señor L.T. Morrison.

Todos balbucimos débilmente un saludo y en seguida los seis nos encaminamos hacia la casa. Antes de llegar, salieron a encontrarnos mi mamá y Mamá Grande. Al ver a mi mamá, el rostro alto de pómulos de mi papá se abrió en una gran sonrisa, y alzándola con gusto la hizo girar dos veces en el aire antes de ponerla otra vez en el suelo y darle un beso.

—David, ¿qué ha pasado? —le preguntó ella.

—¿Tiene que pasar algo, mujer, para yo venga a verte? —contestó él riendo.

—¿Recibiste mi carta?

Repuso afirmativamente. En seguida abrazó y besó a Mamá Grande antes de presentarles al señor Morrison.

Cuando llegamos a la casa cruzamos el largo prado en declive que llevaba al porche. Entramos al cuarto de mis padres, que era también la sala de estar. Mi mamá le ofreció al señor Morrison la silla del abuelo Logan, una mecedora de roble con cojines hecha por el mismo abuelo; pero el señor Morrison no se sentó inmediatamente sino se quedó un momento observando la habitación.

Era ésta una pieza cálida y confortable, con puertas y paredes de madera. Desde allí se podía pasar al porche del frente o al lateral, a la cocina y a las dos alcobas restantes. Las paredes eran de roble liso y en ellas colgaban gigantescas fotografías de mi abuelo y de Mamá Grande, de mi papá y del tío Hammer cuando eran niños, de los dos hermanos mayores de mi papá, ya fallecidos, y fotos de la familia de mi mamá. Los muebles eran una combinación de piezas de nogal y de roble hechas por el abuelo, incluida una cama de nogal con cabecera muy ornamentada que alcanzaba hasta la mitad de la pared hacia el elevado techo, una cómoda alta con espejo de cuerpo entero, un gran escritorio de cortina que había pertenecido al abuelo pero ahora era de mi mamá, y cuatro sillas de roble, dos de ellas mecedoras, que mi abuelo había hecho para Mamá Grande como regalo de bodas.

El señor Morrison movió la cabeza como en señal de aprobación una vez que hubo observado todo esto, y entonces sí se sentó, frente a mi papá al otro lado de la chimenea apagada. Los muchachos y yo acercamos asientos para sentarnos al lado de mi papá. Mamá Grande le preguntó:

—¿Cuánto te vas a estar en casa, hijo?

—Hasta el domingo por la noche.

—¿Cómo es eso? —dijo mi mamá—. Si hoy ya estamos a sábado.

—Ya lo sé, hija —repuso él tomándole la mano—, pero tengo que tomar el tren que sale por la noche de Vicksburg para poder volver al trabajo el lunes por la mañana.

Juan Cristóbal, el Chico y yo lanzamos un gemido.

—¿Papá, no te puedes quedar un poquito más? La última vez que viniste te estuviste una semana —dije yo.

El me tiró de una trenza:

—Lo siento, Cassie, pero si me quedo más tiempo, puedo perder el empleo.

—Pero, papá...

—Escuchen —replicó mirándonos por turnos a mí, a los muchachos, a mi mamá y a Mamá Grande—. Vine sólo para traer al señor Morrison, que va a pasar un tiempo con nosotros.

Si mi mamá y Mamá Grande se sorprendieron

con estas palabras, no lo revelaron, pero los muchachos y yo nos miramos unos a otros con los ojos muy abiertos, y luego al gigante.

—El señor Morrison perdió su empleo en el ferrocarril hace un tiempo —prosiguió mi papá— y no ha podido encontrar otro. Le pregunté si quería venir a trabajar aquí como jornalero y dijo que sí. Ya le he explicado que no podemos pagar mucho... casa y comida y unos pocos dólares en efectivo cuando yo vuelva a casa en el invierno.

Mi mamá se volvió al señor Morrison, lo estudió un instante, y dijo:

—Bienvenido a nuestra casa, señor Morrison.

—Señora Logan —dijo éste en una voz profunda como el retumbar del trueno— es mejor que usted sepa que a mí me echaron del puesto. Me metí en una pelea con unos hombres... salieron bastante aporreados...

—¿Quién tuvo la culpa?

—Yo diría que ellos.

—¿A ellos también los despidieron?

—No, señora. Ellos eran blancos.

—Le agradezco que me lo haya dicho, señor Morrison —repuso mi mamá poniéndose de pie—. Menos mal que no le pasó a usted nada peor, y nos alegramos mucho de tenerlo con nosotros... especialmente ahora.

En seguida ella y Mamá Grande se fueron a la cocina a preparar la comida, dejándonos a nosotros los chicos pensando en el sentido de sus últimas palabras.

—Stacey, ¿tú qué piensas? —le pregunté esa tarde a mi hermano cuando ordeñábamos las vacas. El se encogió de hombros:

—Será como él dijo.

—Mi papá no ha traído a nadie antes.

Stacey no contestó.

—No crees, Stacey... ¿no crees que será por eso de la quema que nos contó Timoteo?

—¿Quema? ¿Qué tienen que ver las quemas? —interrumpió el Chico que había dejado de darles de comer a las gallinas por ir a visitar a Lady, nuestra yegua dorada.

Sin hacer caso de la interrupción, Stacey me dijo lentamente:

—Eso pasó allá en Smellings Creek. Mi papá no tiene que pensar...

La voz se le apagó y dejó de ordeñar.

—¿Pensar qué? —dije yo.

—Nada. No te preocupes por eso —murmuró volviendo a la vaca.

—No es que me preocupe. Sólo que quisiera saber, no es más. Te apuesto cualquier cosa a que el señor Morrison ha venido a algo más que a trabajar. Quisiera estar segura.

Stacey guardó silencio, pero Juan Cristóbal, con sus manos regordetas llenas de maíz para las gallinas y temblándole el labio inferior, dijo:

—Yo... yo sé lo que quisiera. Quisiera que mi papá no tuviera que volverse a ir nunca. Que se pudiera estar aquí... siempre.

A la mañana siguiente, en la iglesia, la señora Lanier le dijo al oído a Mamá Grande:

—John Henry Berry murió anoche.

Cuando esta noticia se anunció a la feligresía, se elevaron preces por el alma de John Henry Berry y por la recuperación de su hermano Beacon y su tío el señor Samuel Berry. Pero después del servicio, cuando algunos vecinos pasaron por casa a visitarnos, se oyeron palabras de cólera y desesperanza.

—Me han dicho —dijo el señor Lanier— que andaban persiguiendo a John Henry desde que volvió de la guerra y se estableció en la finca de su papá allá en Smellings Creek. Era un bonito lugar y no le iba mal. Deja mujer y seis hijos.

Mamá Grande sacudió la cabeza.

—Una mala hora. Pobres.

—Henrietta Toggins —apuntó la señora Lanier—, ¿ya saben quién es?, la hermana de Clara Davis que vive en Strawberry... Pues es parienta de los Berrys y estaba con John Henry y Beacon cuando empezó la cosa. La iban a dejar en su casa... ya saben que John Henry tenía uno de esos volquetes Modelo-T... pero tenían que echarle gasolina, así que pararon en la estación de servicio en Strawberry. Y estando en ésas llegaron unos blancos y los empezaron a insultar —habían estado bebiendo, claro. Y Henrietta los oyó que decían: «Ese es el negro que Sally Ann dijo que le estaba coqueteando». Y cuando oyó eso, ella le dijo a John Henry, «vámonos de aquí». Él quería esperar que le dieran la gasolina pero ella los hizo subir a él y a Beacon al auto, y los blancos esos se quedaron mirándolos pero no les hicieron nada por el momento. John Henry la dejó en su casa y volvió a su finca, pero sin duda esos hombres los alcanzaron a él y a Beacon y empezaron a chocarles el auto por detrás... por lo menos eso fue lo que Beacon y John Henry les contaron a su tía y a su tío cuando los vieron. John Henry sabía que se le estaba acabando la gasolina y temía que no iba a alcanzar a llegar a su casa, así que paró en la casa de su tío. Pero esos hombres los sacaron fuera a él y a Beacon, y cuando el viejo Berry trató de impedirlo, lo quemaron a él también con los muchachos.

—Es un escándalo —dijo el padre de Timoteo, un hombre débil y enfermizo que tosía constantemente—. Esto se está poniendo muy feo. Oí decir que hace unos pocos días lincharon a un muchacho en Crosston.

—Y no se va a hacer nada para ponerle fin —añadió el señor Lanier.

—Eso es lo más terrible. Cuando Henrietta fue a hablar con el comisario de policía y le contó lo que había visto, él le dijo que era una mentirosa y la mandó a su casa. Ahora los asaltantes andan por ahí jactándose de lo que hicieron y amenazando con que lo volverán a hacer si algún negro insurrecto se desmanda.

La señora Avery suspiró:

—¡El Señor se apiade de nosotros!

Mi papá había permanecido silencioso mientras los Laniers y los Averys hablaban, estudiándolos muy serio. Al fin se quitó la pipa de la boca e hizo una declaración que a mis hermanos y a mí nos pareció que no tenía nada que ver con el tema de la conversación:

—En esta familia no compramos nada en la tienda de los Wallaces.

En la pieza se hizo silencio. Nosotros mirábamos a los adultos sin comprender por qué. Los Laniers y los Averys miraban inquietos en derredor; y cuando se rompió el silencio, se habló de otra cosa, del sermón de aquel día.

Cuando se fueron los Laniers y los Averys, mi papá nos llamó.

—Su mamá me ha dicho que muchos de los niños mayores han estado yendo después de la escuela a la tienda de los Wallaces a bailar y a comprar licor de contrabando y a fumar cigarrillo. Me dice que ya les ha advertido todo esto, pero yo se lo voy a advertir otra vez, así que presten atención. No queremos que ninguno vaya a ese lugar. Los niños que van allá se van a ver en un lío un día de éstos. Allá se bebe y a mí no me gusta eso — y tampoco me gustan los Wallaces. Si llego a saber que alguno ha estado allá, por cualquier motivo que sea, lo desuello vivo. ¿Entendido?

—Sí señor, papá —chilló Juan Cristóbal—. Yo nunca voy a ir allá.

Los demás estuvimos todos de acuerdo. Mi papá no hablaba en broma y tenía la mano pesada con el varapalo.

III

A fines de octubre comenzaron las lluvias, golpeando duramente la capa de quince centímetros de polvo que se había enseñoreado de la
tierra durante más de dos meses. Al principio el
agua como que salpicaba apenas el polvo, que
parecía gozarse con su propia resistencia y reírse
de las gotas que lo azotaban; pero al fin hubo de
capitular ante la fuerza superior de los aguace-
ros y quedó amasado como un barro rojizo que
nos rezumaba a nosotros por entre los dedos de
los pies y nos salpicaba los tobillos al ir y volver
de la escuela.

Para protegernos de la lluvia mi mamá nos
daba cueros secos de becerro, que nos echába-
mos sobre la cabeza y los hombros como rígidos

capotes. No nos gustaban mucho porque cuando se mojaban emitían un olor a moho que se prendía a toda la ropa; preferíamos prescindir de ellos, pero por desgracia a mi madre nuestras preferencias la tenían sin cuidado.

Como por lo general salíamos para la escuela después de mi mamá, resolvimos el problema cubriéndonos obedientemente con los cueros antes de salir. En cuanto nos veíamos fuera del alcance de los ojos de águila de Mamá Grande, nos los quitábamos de encima, confiando en que las ramas de los árboles del bosque nos conservaran secos. Cuando llegábamos a la escuela nos volvíamos a poner los cueros y así entrábamos debidamente ataviados a nuestros respectivos salones de clase.

Si sólo fuera cuestión de que la lluvia nos calaba hasta los huesos a mañana y tarde, nos habría sido más llevadera la diaria jornada entre la casa y la escuela; pero también teníamos la amenaza del autobús de la escuela Jefferson Davis que nos acometía por la espalda y nos daba baños de agua sucia del camino. Sabiendo que al conductor le encantaba divertir a sus pasajeros haciéndonos correr por el camino resbaladizo y trepar los taludes casi inaccesibles del bosque, desnudos y lisos por el constante deslave de las aguas, nerviosamente mirábamos atrás cuando nos encontrábamos entre los dos cruces de caminos para estar preparados y tener tiempo de llegar al talud antes de que el autobús nos diera alcance. Pero a veces el aguacero golpeaba tan fuerte que apenas podíamos tenernos en pie y no volvíamos a mirar con suficiente frecuencia ni escuchábamos con la atención necesaria; como resultado, éramos el hazmerreír de crueles espectadores que no reparaban en nuestra aflicción.

A ninguno enfurecía tanto esta humillación como al Chico. Desde el primer día le había preguntado a mi mamá por qué la escuela Jefferson Davis tenía dos autobuses mientras que la de Great Faith no tenía ninguno, pero no había quedado convencido con su respuesta. Ella le había dicho, como ya se lo había explicado a Juan Cristóbal el año anterior y a mí dos años atrás, que el distrito no daba autobuses para los alumnos negros. En efecto, había dicho, era muy poco lo que daba el distrito y la mayor parte del dinero con que se sostenían las escuelas negras provenía de las iglesias negras. La iglesia de Great Faith no tenía con qué comprar un autobús, de modo que nosotros teníamos que ir a pie a la escuela.

Esta información hizo una impresión profunda en el cerebro del Chico, y cada día que el autobús le salpicaba de barro su ropa limpia se mostraba más y más inconforme hasta que un día entró furioso a la cocina y estalló:

—¡Otra vez me han embarrado, Mamá Grande! ¡Mira cómo me han vuelto!

La abuela nos examinó a todos.

—Anda, querido, quítate esa ropa y lávala. Todos... quítense esa ropa y séquense —dijo volviendo a la estufa panzuda a revolver la sopa.

—Pero no es justo, Mamá Grande —insistió el Chico—. No es justo.

Stacey y Juan Cristóbal fueron a mudarse, pero el Chico permaneció sentado en un banco, mirando con desconsuelo sus pantalones de color azul claro llenos de barro de la rodilla hacia abajo. Pese a que todas las noches Mamá Grande le preparaba un caldero de agua caliente con jabón para que lavara la ropa, todos los días llegaba a la casa como si no hubiera lavado los pantalones en más de un mes.

La abuela no mimaba excesivamente a ninguno de nosotros, pero esta vez, después de limpiarse las manos en el largo delantal blanco, se sentó al lado del Chico y lo abrazó:

—Oye, nene, no es el fin del mundo. Por Dios, Chico, ¿no sabes que después va a volver a salir el sol y no te echarán más barro?

—Pero, Mamá Grande, el chofer podía pasar más despacio para no salpicarnos. O si nosotros tuviéramos un autobús como el de ellos...

—Bueno, pues no es así y no lo tenemos. De modo que nada se saca con quejarse. Algún día vas a tener mucha ropa y tal vez hasta un automóvil propio en que andar, así que no hagas caso de esos blancos ignorantes. Sigue estudiando y consigue una buena educación y te irá bien. Ahora, anda a lavar la ropa y cuélgala cerca del fuego para que yo te la pueda planchar antes de acostarme.

Al volverse, me miró a mí:

—Cassie, niña, ¿qué buscas? Ve a mudarte, ponte pantalones y vienes a ayudarme con la comida para tenerla lista cuando llegue tu mamá.

Aquella noche, cuando yo estaba bien arropada en la cama de plumas al lado de Mamá Grande, el tat-tat de la lluvia en el techo de cinc se convirtió en un rugido ensordecedor como si estuvieran lanzando mil piedras gigantescas contra la tierra. Al amanecer el aguacero degeneró en llovizna, pero la tierra estaba completamente calada, ríos de agua sucia corrían en zanjas profundas y en los caminos relucían grandes lagunas.

Cuando salimos para la escuela la blancura del sol trató de penetrar las nubes de tormenta, pero cuando ya habíamos doblado hacia el Norte en dirección al segundo cruce, el sol se dio por vencido y se ocultó humildemente tras los oscuros nubarrones. Pronto reverberó el trueno en el cielo y la lluvia cayó como granizo sobre nuestras cabezas agachadas.

—¡Ah, caray! Ya estoy harto de esto —dijo Timoteo.

Ninguno dijo una palabra. Todos teníamos el oído atento por si venía el autobús. Habíamos

61

salido de la casa más temprano que de costumbre con la intención de recorrer el camino del Norte antes de que pasara el autobús, pero no estábamos muy seguros de librarnos de él, pues ya habíamos probado antes esa estrategia, que a veces nos daba resultado, pero la mayor parte del tiempo no. Era como si el autobús fuera un ser con vida, que nos perseguía y nos derrotaba siempre. No lo podíamos engañar.

Seguimos nuestro penoso camino sintiendo el barro frío en los pies, andando más y más rápidamente para llegar al cruce. Entonces Juan Cristóbal se detuvo:

—Escuchen. Me parece que lo oigo.

Volvimos a mirar pero no se veía nada.

—Todavía no hay nada —dije yo, y seguimos andando.

—Paren —dijo Juan Cristóbal deteniéndose de nuevo—. Lo oigo otra vez.

Volvimos a mirar y tampoco vimos nada.

—Esperen —dijo Stacey—; yo también lo oigo.

Corrimos a un sitio del camino donde el talud no era tan grande y podíamos subir fácilmente a refugiarnos en el bosque.

Al rato se oyó más cerca el ruido de un motor y apareció a la vista el Packard plateado del señor Granger. Era un automóvil majestuoso con adornos cromados que brillaban aun en la lluvia, y el único en su clase que había en el distrito, según se decía.

—No era más que el viejo Harlan —dijo Timoteo con petulancia, disponiéndose a bajar otra vez al camino con Claudio mientras el lujoso automóvil doblaba una curva y desaparecía. Stacey los detuvo:

—Ya que estamos aquí arriba —dijo— esperemos un poco. El autobús no debe tardar y más adelante en el camino es más difícil subir al talud.

—Ah, hombre, el autobús no va a venir todavía —replicó Timoteo—. Hoy salimos más temprano, ¿no te acuerdas?

Stacey dirigió la mirada al Sur, dudando. El Chico, Juan Cristóbal y yo esperamos su decisión.

—Vamos, hombre —insistió Timoteo—. ¿Para qué esperar aquí a ese endiablado autobús cuando podíamos estar en la escuela tranquilos?

—Bueno...

Timoteo y Claudio saltaron abajo. En seguida Stacey, arrugando las cejas como si lo hiciera contra su voluntad, saltó también. El Chico, Juan Cristóbal y yo seguimos el ejemplo.

Cinco minutos después corríamos otra vez como conejillos asustados huyendo del autobús que venía a toda velocidad por el camino estrecho y empapado por la lluvia; pero allí no había dónde guarecerse. Stacey tenía razón: las zanjas eran muy anchas y estaban llenas de agua casi hasta los bordes, y no había matas ni arbustos que nos sirvieran de apoyo para trepar por el talud.

Cuando el autobús estaba ya a menos de quince metros de distancia, viró peligrosamente hacia el borde derecho del camino, por donde nosotros corríamos, lo que nos obligó a tratar de saltar la zanja; pero ninguno alcanzó a llegar al otro lado: todos caímos en medio del agua cenagosa.

El Chico, hundido hasta el pecho, cogió un puñado de fango y sin poder dominar su ira salió al camino y corrió detrás del autobús. En medio de las risotadas y los gritos de «¡Negro, negro, come barro!», que salían por las ventanillas abiertas del vehículo, lanzó el fango, pero ni siquiera alcanzó a las ruedas traseras. Luego, totalmente desconsolado por lo sucedido, escondió la cara entre las manos y lloró.

Timoteo salió de la zanja riendo de ver al Chico en esa situación, pero Stacey con el rostro encendido bajo su piel oscura, le dijo en un tono terrible:

—Una palabra, Timoteo, una sola palabra que digas...

Timoteo dio un paso atrás. Juan Cristóbal y yo nos miramos. Jamás habíamos visto así a Stacey. Tampoco Timoteo.

—Si no he dicho nada, hombre, si yo también estoy furioso.

Stacey lo miró colérico un momento más, luego se acercó al Chico, le echó los brazos al cuello y le dijo:

—Vamos, hombre, esto no va a volver a pasar, por lo menos durante mucho tiempo. Eso te lo prometo.

Otra vez Juan Cristóbal y yo nos miramos sorprendidos, preguntándonos cómo podía Stacey hacer una promesa tan audaz. Luego seguimos tras de él a toda prisa.

Cuando Jeremy Simms nos divisó desde su atalaya en el sendero del bosque, bajó corriendo a nuestro encuentro.

—¡Hola! —dijo con su habitual sonrisa amistosa. Nadie le contestó. La sonrisa se esfumó, y viendo que llevábamos la ropa cubierta de barro, preguntó—: ¿Qué pasó, Stacey?

—¿Por qué no nos dejas en paz? —repuso éste con frialdad mirándolo a los ojos azules—. ¿Por qué has de estar siempre buscándonos?

—Porque me gustan —tartamudeó Jeremy poniéndose aún más pálido, y luego musitó—: ¿F-fue el autobús otra vez?

Nadie le contestó y no dijo más. Cuando llegamos al cruce mos miró como esperando que nos ablandáramos y le dijéramos adiós. Pero no nos ablandamos, y cuando yo volví a mirar y lo vi parado ahí solitario en medio del camino, parecía como si tuviera el mundo entero colgado del pescuezo. Entonces caí en la cuenta de que Jeremy jamás utilizaba el autobús, por mal tiempo que hiciera.

Cuando cruzábamos el patio de la escuela,

Stacey nos llamó aparte a Juan Cristóbal, al Chico y a mí:

—Oigan —nos dijo en secreto—: al mediodía los espero en la caseta de herramienta.

—¿Para qué? —le preguntamos.

—Van a ver cómo vamos a hacer para que el autobús no nos vuelva a echar barro.

—¿Cómo? —preguntó el Chico, ansioso de venganza.

—Ahora no tengo tiempo de explicarte. Vengan a la caseta. Y todos puntuales. Nos ocupará toda la hora del almuerzo.

—¡Nos vamos a quedar sin almuerzo! —suspiró Juan Cristóbal.

—Por un día no importa —dijo Stacey dando el asunto por concluido, pero Juan Cristóbal se quedó mirándolo con gesto agrio, como si pusiera en tela de juicio la sensatez de un plan tan radical que prescindía del almuerzo.

—¿Les vas a decir a Timoteo y a Claudio? —pregunté yo. Stacey sacudió la cabeza en señal de negación:

—Timoteo es mi mejor amigo pero no tiene temple para estas cosas. Habla demasiado; y a Claudio no lo podemos invitar sin Timoteo.

—Bueno —dijo el Chico.

A mediodía nos reunimos según lo convenido y nos metimos en la caseta de herramientas, que no estaba cerrada; allí se guardaba toda la herramienta de jardín de la iglesia y de la escuela.

Stacey la examinó mientras los demás observábamos. Eligió palas únicamente, me dio una a mí, tomó otra para él, y les indicó a Juan Cristóbal y al Chico que tomaran dos baldes cada uno.

Así listos, salimos sigilosamente y nos dirigimos bajo la llovizna por el borde del bosque detrás de los edificios de la escuela para no ser vistos. Una vez en el camino, Stacey abrió carrera ordenándonos que lo siguiéramos:

—Vamos, corran. No tenemos mucho tiempo.

—¿A dónde vamos? —preguntó Juan Cristóbal, todavía no muy conforme con la perspectiva de perderse el almuerzo.

—Al mismo lugar donde el autobús nos obligó a salirnos del camino. Ten cuidado —le dijo a Juan Cristóbal, que ya jadeaba por no quedarse atrás.

Cuando llegamos al lugar indicado, Stacey se detuvo:

—Aquí es. Empecemos a cavar —dijo, y sin más ni más apoyó el pie descalzo en el borde superior de la pala y la hundió en el barro blando.

Juan Cristóbal, el Chico y yo no sabíamos si había perdido el juicio del todo. Levantando la vista nos ordenó:

—A trabajar todos. Cassie, tú empieza a cavar al otro lado del camino de donde yo estoy. Sí, allí, no te acerques demasiado al borde. Tiene que parecer como si el agua hubiera abierto una zanja. Juan Cristóbal y el Chico saquen barro del medio del camino. Pronto, pronto —prosiguió sin dejar de cavar, mientras nosotros obedecíamos sus órdenes—. No tenemos más que unos treinta minutos para volver a la escuela.

No hicimos más preguntas. Mientras Stacey y yo íbamos avanzando el uno hacia el otro abriendo con las palas huecos irregulares de casi un metro de ancho y de unos treinta centímetros de profundidad, echando el barro que sacábamos a las zanjas llenas de agua, Juan Cristóbal y el Chico sacaban con sus baldes la tierra roja del centro del camino. Y por primera vez en su vida el Chico olvidaba dichoso que estaba todo untado de barro.

Cuando los huecos que Stacey y yo habíamos excavado se encontraron para formar uno solo contínuo, dejamos a un lado las palas y tomamos los dos baldes sobrantes. Entonces los cuatro empezamos a sacar agua sucia de las zanjas para llenar apresuradamente con ella la excavación.

Habiendo captado ya el plan de Stacey, trabajamos en silencio hasta que el agua alcanzó el mismo nivel del camino. En seguida Stacey cruzó la zanja del lado del camino y trepó por la otra orilla. En el bosque consiguió tres piedras con las cuales hizo un montículo para señalar el lugar.

—Puede verse distinto esta tarde —explicó, volviendo a bajarse. Juan Cristóbal miró al cielo:

—Miren, parece que va a caer otro aguacero.

—Ojalá —dijo Stacey—. Mientras más agua, mejor. Así parecerá que la lluvia es la que ha desbaratado el camino. También servirá para que no pasen automóviles ni carros. Ojalá que nadie pase antes del autobús. Vámonos.

Recogimos baldes y palas y corrimos a la escuela. Después de dejar la herramienta en la caseta, pasamos por el pozo para lavarnos el barro de los brazos y los pies y nos dirigimos a nuestras clases, con la esperanza de que nadie notara el fango que llevábamos apelmazado en la ropa. Cuando ocupé mi puesto la señorita Crocker me lanzó una mirada extraña, pero de igual manera miró a Mary Lou y a Alma cuando se sentaron, así que llegué a la conclusión de que mi barro no era más notorio que el de las demás.

No bien me había acomodado para aguantar el fastidio de la señorita Crocker, la lluvia comenzó a golpear de nuevo, martillando con gran intensidad sobre el techo de latón. Todavía llovía cuando terminaron las clases y mis hermanos y yo, evitando a Timoteo y a Claudio, salimos a toda carrera por el camino resbaladizo, dejando atrás a otros alumnos más cautelosos.

—¿Crees que alcanzamos a llegar a tiempo para ver? —le pregunté a Stacey.

—Seguro. Se quedan en la escuela quince minutos más que nosotros y siempre tardan otros cinco minutos en subir al autobús.

Cuando llegamos al cruce de caminos miramos en dirección a la escuela Jefferson Davis. Allí estaban los autobuses, pero los estudiantes no habían salido aún. Seguimos adelante.

Como esperábamos encontrar el charco de un metro que habíamos cavado al mediodía, no estábamos preparados para el lago de casi cuatro metros que se ofreció a nuestra vista.

—¡Santo cielo! ¿Qué ha pasado? —exclamé.

—La lluvia —dijo Stacey—. ¡Pronto, a los árboles!

Nos acomodamos en el piso fangoso del bosque y esperamos. Le pregunté a Stacey:

—¿No crees que cuando vea ese bache tan grande el chofer va a parar?

—Quién sabe —respondió vacilando—. Ojalá que no. En todo el camino hay baches grandes que no son hondos. Nada más que agua.

—Si yo camino por allí cuando venga el autobús, seguramente que el chofer acelera para salpicarme —sugerí.

—O yo —interpuso el Chico, dispuesto a cualquier cosa con tal de vengarse.

Stacey lo pensó un momento, pero no aceptó la idea.

—No. Es mejor que no vean a ninguno de nosotros cuando ocurra. Empezarían a pensar cosas.

—¿Y si descubren que fuimos nosotros? —dijo nerviosamente Juan Cristóbal.

—No te preocupes. No lo van a saber.

—Creo que ya viene —dijo el Chico.

Nos tiramos al suelo para observar por entre los matorrales.

El autobús venía traqueteando por el camino, aunque no tan veloz como nosotros esperábamos. Atravesó cautelosamente un gran bache unos seis metros adelante; luego, como envalentonado al acercarse al lago artificial que nosotros habíamos hecho, aceleró haciendo saltar el agua en altas cortinas que luego caían como cascadas sobre el bosque. Los estudiantes gritaban de entusiasmo; pero en lugar de la suave travesía que ellos esperaban, el vehículo dio un golpe formidable y cayó como un borracho en nuestra trampa. Por un momento se bamboleó y contuvimos el resuello temiendo que se fuera a volcar; luego farfulló su última protesta y murió, con la rueda delantera izquierda en nuestro hueco y la derecha en la zanja del camino. Parecía un macho cabrío patituerto arrodillado.

Nos tapamos la boca y nos desternillamos de risa silenciosa.

El conductor, confundido, abrió la salida de emergencia y la lluvia lo bañó con dardos afilados. Permaneció un momento en la portezuela mirando incrédulo lo que había sido del vehículo; luego, agarrándose del autobús, metió un pie en el agua hasta que tocó fondo firme antes de bajar del todo. Miró debajo del autobús. Miró la cubierta del motor, que echaba vapor. Miró al agua. En seguida se rascó la cabeza y maldijo su suerte.

Un muchacho grande, pecoso, abrió una ventanilla de vidrios rotos y sacó la cabeza:

—¿Es grave, señor Grimes? ¿Lo podemos empujar y arreglarlo?

—¡Empujarlo! ¡Arreglarlo! —repitió el chofer con ira—. ¡Tengo un eje roto y el motor inundado sin duda y quién sabe cuántas cosas más, y me viene usted conque arreglarlo! Afuera todo el mundo. Todos tienen que irse a pie a su casa.

Una niña que vacilaba en salir por la parte trasera del autobús se atrevió a preguntarle:

—Señor Grimes, ¿nos podrá recoger mañana por la mañana?

El conductor se quedó mirándola estupefacto:

—Niña, todos ustedes van a tener que andar a pie por lo menos dos semanas antes de que podamos sacar este armatoste de aquí y llevarlo a Strawberry a hacerlo reparar. Váyanse todos a sus casas y díganles a sus padres que vengan a ayudarme.

Los alumnos descendieron desconsolados del autobús. No sabían cuál podía ser el ancho real del charco. Unos calcularon locamente y trataron de salvarlo de un salto, pero casi todos calcularon mal y cayeron dentro, para eterna felicidad nuestra. Otros trataron de saltar las zanjas de los lados del camino para pasar por el bosque evitando el charco; pero nosotros sabíamos por experiencia que no lo lograrían.

Cuando al fin la mayoría logró salir chapoteando al otro lado del charco, la ropa les chorreaba pesada agua fangosa. Ya no reían. Se fueron muy cabizbajos a sus casas y el señor Grimes se quedó iracundo recostado en la zaga levantada del autobús.

Oh, ¡qué dulce venganza y qué bien manejada!

Con esa satisfacción nos retiramos silenciosamente de nuestro observatorio y emprendimos la vuelta a casa por entre el tupido bosque.

Esa noche a la comida mi mamá le contó a Mamá Grande que el autobús de la escuela Jefferson Davis se había quedado atascado en un bache.

—Es raro —dijo— que se haya formado un bache tan grande en un solo día. Esta mañana yo no noté ni que se hubiera empezado a abrir. ¿Y ustedes no lo notaron, niños?

—No, señora —respondimos en coro.

—¿Ni se cayeron?

—Nos trepamos al talud porque ya venía el autobús —repuso Stacey.

—Bien hecho. Si no fuera porque el autobús estaba allí, yo misma me habría podido caer en el bache.

Los muchachos y yo nos miramos. No habíamos pensado en eso.

—¿Cómo pasaste, mamá? —preguntó Stacey.

—Habían puesto un tablón como puente.

—¿Van a sacar el autobús esta noche? —preguntó Mamá Grande.

—No señora. Oí que el señor Granger le decía al chofer Ted Grimes que no lo podrán sacar hasta que pasen las lluvias y se seque un poco. Ahora hay demasiado barro.

Nos cubrimos la boca con las manos para disimular sonrisas de alegría. Yo hasta hice secretamente votos porque lloviera hasta Navidad.

Mi mamá sonrió:

—Yo me alegro de que nadie haya resultado herido —dijo—; habría sido muy fácil, con un charco tan grande. Pero por otra parte, también me alegro de que haya sucedido.

—¡Mary! —exclamó Mamá Grande.

—Pues sí, me alegro —insistió mi mamá con una sonrisa pícara como cualquier colegiala.

Mamá Grande empezó a reír:

—¿Sabes una cosa? Yo también.

Entonces todos estallamos en una risotada de franca felicidad.

Más tarde, esa misma noche, los muchachos y yo, sentados a la mesa de estudio en la pieza de papá y mamá, tratábamos de concentrarnos en las lecciones del día siguiente; pero ninguno lo lograba por más de unos pocos minutos sin soltar una risilla de triunfo. Más de una vez mi mamá nos riñó por esa falta de seriedad; y cada vez que nos reñía, nosotros poníamos cara de gente grande, resueltos a ver el asunto como personas adultas y no seguirnos gloriando en nuestra hora de victoria. Pero una mirada de unos a otros era suficiente para echarlo todo a perder y hacernos caer de bruces sobre la mesa dominados por una irresistible risa contagiosa.

—No sé qué es lo que les pasa esta noche —dijo al fin mi mamá—, pero tendré que hacer algo o si no, no terminan sus tareas.

Pensamos que nos iba a propinar una azotaina y cambiamos miradas de alarma; pero ni siquiera esa perspectiva pudo amortiguar nuestra risa, que se había tornado incontrolable, subiéndonos desde la boca del estómago y sacándonos las lágrimas a las mejillas. Stacey, teniéndose los costados, se volvió hacia la pared para tratar de dominarse. El Chico metió la cabeza debajo de la mesa. Juan Cristóbal y yo nos doblamos y caímos al suelo.

Mi mamá me tomó de un brazo y me obligó a pararme.

—Cassie, tú acá —me ordenó, dirigiéndome a un asiento cerca de la chimenea y detrás de Mamá Grande, que estaba planchándonos la ropa para el día siguiente. Me asomé por detrás de las faldas de Mamá Grande y vi que mi mamá llevaba a Stacey a su escritorio. En seguida alzó al Chico y lo sentó en un asiento al lado de su mecedora. A Juan Cristóbal lo dejó solo a la mesa de trabajo. En seguida recogió nuestros materiales de estudio y le llevó a cada uno lo suyo junto con una mirada que decía que no estaba dispuesta a tolerar más necedad.

Teniendo delante de mí a Mamá Grande, no podía ver nada más y pude serenarme lo suficiente como para terminar mi tarea de aritmética. Cuando acabé, tardé un poco antes de abrir el libro de lectura, observando a Mamá Grande que colgaba mi vestido planchado, luego ponía la pesada plancha sobre las brasas en un rincón de la chimenea y tomaba otra plancha que se había estado calentando. La probó tocándola con el dedo y la volvió a poner al fuego.

Mientras ella esperaba que se calentara más, mi mamá raspaba sobre unos periódicos extendidos en el suelo el barro seco de los viejos zapatos de mi papá que ella se ponía a diario, rellenándolos con tarugos de periódico, sobre sus propios zapatos para proteger estos últimos del barro y de la lluvia. El Chico, sentado a su lado, fruncía el entrecejo, enfrascado de lleno en su libro de lectura. Desde que mi mamá había llevado el librito a casa después de haber hecho invisible la ofensiva contracubierta, el Chico lo había aceptado como herramienta indispensable para ser aprobado en el primer grado, pero no se sentía orgulloso de poseerlo. Alzando la vista, vio que Mamá Grande se disponía a planchar su ropa y sonrió con alegría. Yo ahogué una risa y mi mamá me miró:

—Cassie, si empiezas otra vez, te vas a estudiar a la cocina.

—Sí, señora —dije yo acomodándome en la silla y empezando a leer. Ciertamente no quería que me mandaran a la cocina, pues la estufa ya estaba apagada y hacía frío.

Se hizo de nuevo el silencio en la habitación, salvo el canturrear de Mamá Grande en su rica voz de contralto, el chisporroteo de las encendajas en la chimenea y el tamborileo de la lluvia en el tejado. Embebida en un cuento de misterio, me sobresalté al oír quebrar estos sonidos confortantes por tres rápidos golpes que dieron en la puerta lateral.

Mi mamá se levantó al punto y fue a la puerta:

—¿Quién es?

—Soy yo, señora, Joe Avery —contestó una voz cascada.

Mi madre abrió y el señor Avery entró chorreando agua.

—Hola, hermano Avery, ¿qué hace usted fuera de su casa en una noche como ésta? Pase, pase usted. Quítese el abrigo y siéntese cerca del fuego. Stacey, acerca una silla para el señor Avery.

—No señora, no tengo sino un minuto —repuso él, mirando de soslayo y nerviosamente a la oscuridad. Entró lo suficiente como para poder cerrar la puerta y nos saludó a todos.

—Buenas noches, señora Carolina, ¿cómo está usted?

—Pues ahí vamos, señor, vamos tirando —repuso Mamá Grande—. Y la señora Fannie, ¿cómo está?

—Está bien —repuso él sin detenerse a hablar de su mujer—. Señora Logan... pues yo venía... tengo que hablarle de un asunto importante. ¿El señor Morrison está aquí?

—¿Qué pasa? ¿Ha tenido alguna noticia de David? —dijo ella alarmada.

—No señora, no. De su marido no sé nada... Son ellos otra vez... Esta noche han vuelto a salir.

Mi madre palideció y miró asustada a Mamá Grande; esta última se quedó con la plancha suspendida en el aire.

—Ah, niños —dijo mi mamá—, ya es hora de acostarse.

—Pero mamá... —protestamos en coro, queriendo quedarnos para saber quiénes eran los que habían vuelto a salir.

—Silencio —dijo ella con severidad—. Ya he dicho que es hora de acostarse. ¡Vamos!

Refunfuñando lo suficiente como para expresar nuestro disgusto, aunque no lo bastante como para provocar el enojo de mi madre, apilamos los libros en la mesa de estudio y salimos en dirección al cuarto de los muchachos.

—Cassie, he dicho que te acuestes. Esa no es tu pieza.

—Pero, mamá, es que en la mía hace frío —repliqué. Generalmente nos permitían encender en las otras piezas un pequeño fuego para calentarlas una hora antes de acostarnos.

—Cuando estés en la cama te calientas. Stacey, lleva la linterna y enciendes la lámpara de tu cuarto. Cassie, tú llévate la del escritorio.

Volví por la lámpara de queroseno y en seguida me fui a mi cuarto, dejando la puerta entreabierta.

—Cierra la puerta, Cassie.

Obedecí al instante.

Coloqué la lámpara en el tocador, luego descorrí silenciosamente el cerrojo de la puerta que daba afuera y me escabullí al porche empapado, que crucé para acercarme al cuarto de los muchachos. Tocando levemente con los nudillos llamé:

—Hola, ábranme.

La puerta se abrió y me metí dentro. El cuarto estaba inundado de oscuridad.

—¿Qué están diciendo?

—¡Shhhhh!

Fui hasta la puerta que comunicaba con el cuarto de mi mamá y ahí me agazapé al lado de mis hermanos. La lluvia era menos fuerte en el tejado y oímos que mi mamá decía:

—¿Pero por qué? ¿Por qué salen? ¿Qué ha ocurrido?

—Yo no sé —contestó el señor Avery—, pero

ustedes ya saben cómo son ellos. Cuando les parece que nosotros nos estamos saliendo de nuestro lugar creen que tienen que contenernos. Ya vieron lo que les hicieron a los Berrys. No se necesita más que un pedacito de nada para que esos diablos nocturnos se pongan en movimiento.

—Algo tiene que haber sucedido —dijo Mamá Grande—. ¿Cómo se enteró usted?

—Lo único que le puedo decir, señora Carolina, es lo que Fannie oyó decir cuando salía de la casa de Granger esta noche. Acababa de lavar la loza de la comida cuando llegó el señor Granger con el señor Grimes... ya saben, el que maneja el autobús de la escuela blanca... y otros dos hombres...

Un trueno ensordecedor ahogó las palabras del señor Avery, cayó otro chaparrón y la conversación se perdió. Yo le apreté el brazo a mi hermano:

—Stacey, van a venir por nosotros.

—¡Qué! —exclamó Juan Cristóbal.

—Silencio —dijo Stacey con aspereza—. Cassie, suéltame que me duele.

—Alguien tiene que habernos visto —insistí yo.

—No, eso no es posible —replicó Stacey convencido.

—¿Por qué no? ¿Por qué no va a ser posible? —dijo Juan Cristóbal presa del pánico. El Chico preguntó:

—¿Qué nos van a hacer a nosotros, Stacey? ¿Nos van a quemar?

—¡Nada! —exclamó Stacey incorporándose de pronto—. Vayan a acostarse todos, como les mandaron.

Nos sorprendió esa actitud. Se parecía a mi mamá, y así se lo dije.

Se dejó caer en silencio al lado de la puerta, respirando hondo, y aun cuando yo no lo podía ver, sabía que tenía la cara tensa y una mirada de desconsuelo. Le toqué levemente el brazo:

—No tienes por qué culparte —le dije—. Lo hicimos entre todos.

—Pero yo fui el de la idea.

—Todos queríamos hacerlo.

—Yo no —dijo Juan Cristóbal—. Yo sólo quería mi almuerzo.

—Shhhh —dijo el Chico—, los oigo otra vez.

En efecto, oímos que el señor Avery decía:

—Debo prevenir al señor Morrison. ¿Está aquí?

—Yo se lo diré —contestó mi mamá.

Oímos que se abría la puerta del lado y nos pusimos de pie.

—Cassie, vete a tu cuarto, rápido —me dijo Stacey al oído—. Seguramente vienen ahora a echarnos un vistazo.

—¿Pero qué hacemos?

—Por ahora nada, Cassie. Esos hombres probablemente ni se acercarán por acá.

—¿De veras crees eso? —preguntó esperanzado Juan Cristóbal.

—¿No le deberíamos contar todo a mamá? —pregunté.

—¡No! ¡A nadie se lo podemos contar! —declaró Stacey con firmeza.

—Vamos, rápido.

Se oyeron pasos cerca de la puerta. Yo corrí al porche y de ahí a mi cuarto, donde me metí de un salto en la cama, sin desvestirme. Tiritando, me arropé con las gruesas colchas de retazos hasta la barbilla. Momentos después entró Mamá Grande, dejando abierta la puerta que daba al cuarto de mi mamá. Sabiendo que le entrarían sospechas si me encontraba dormida tan pronto, suspiré suavemente y haciendo pequeños ruidos de somnolencia, me volví de bruces, teniendo buen cuidado de no dejar al descubierto las mangas de la camisa. Obviamente satisfecha con mi representación, Mamá Grande me arrebujó bien con los cobertores y me alisó suavemente el pelo. En seguida se agachó y empezó a buscar algo debajo de la cama. Abrí los ojos. ¿Qué podía estar buscando allí? En eso sentí que se acercaba mi mamá y cerré los ojos otra vez.

—¿Mamá?

—Stacey, ¿qué haces levantado?

—Déjame ayudar.

—¿Ayudar a qué?

—A lo que sea...

—Gracias, Stacey —repuso mi mamá suavemente después de un momento de silencio—; pero Mamá Grande y yo nos bastamos.

—Mi papá me dijo que te ayudara.

—Y me estás ayudando, más de lo que crees. Pero en este momento la mejor ayuda es que te vuelvas a acostar. No te olvides que mañana es día de escuela.

—Pero mamá...

—Si te necesito, te llamo. Te lo prometo.

Oí a Stacey retirarse lentamente, luego a mamá que murmuraba en la puerta:

—¿Cassie está dormida?

—Sí, querida —repuso Mamá Grande—. Vuelve a sentarte. Yo saldré dentro de un momento.

En seguida Mamá Grande se puso de pie y bajó la mecha de la lámpara de queroseno. Cuando salió del cuarto abrí otra vez los ojos y vi destacarse su silueta en el marco de la puerta, llevando un rifle en las manos. Cerró la puerta y yo me quedé a oscuras.

Esperé largos minutos, completamente despierta, pensando qué debía hacer. Al fin resolví consultar otra vez con mis hermanos, saqué las piernas por el borde de la cama, pero inmediatamente tuve que volverlas a meter porque Mamá Grande entró otra vez en el cuarto. Fue más allá de la cama y acercó a la ventana un asiento de respaldo recto. Corriendo la cortina de modo que la negrura de la noche se mezcló con la negrura del cuarto, se sentó sin el menor ruido.

Sentí que abrían y volvían a cerrar la puerta del cuarto de los muchachos y comprendí que mi mamá había entrado. Esperé que volvieran a abrir la puerta, pero no sentí ruido alguno. Pronto empezó a atenuarse el frío de las sábanas de algodón bajo mi cuerpo y como la presencia de Mamá Grande me daba una falsa sensación de seguridad, me quedé dormida.

Cuando desperté, la noche estaba aún oscura.

—Mamá Grande, Mamá Grande, ¿dónde estás? —llamé, pero no obtuve respuesta. Pensando que se habría quedado dormida, salté de la cama y me acerqué al asiento que había puesto cerca de la ventana.

No estaba allí.

Afuera ululó un buho en la noche, silenciosa ahora como no fuera por el gotear del agua del tejado. Me quedé petrificada junto al asiento, sin atreverme a moverme.

Entonces sentí ruido en el porche. Temblaba sin poderme dominar. De nuevo el ruido, esta vez más cerca de la puerta, y pensé que serían mis hermanos que venían a conferenciar conmigo. Sin duda mi mamá los habría dejado también solos.

Riéndome en silencio de mí misma, salí al porche.

—Stacey... Juan Cristóbal —murmuré.

Algo se movió al extremo del porche y avancé en esa dirección tentando la pared de la casa.

—Chico... Hola, déjense de bromas y contesten.

Me acerqué peligrosamente al borde del alto porche, tratando de penetrar con la vista la negrura de la noche. Desde abajo me saltó encima una cosa peluda que me hizo perder el equilibrio y caí con un baque en un embarrado macizo de flores. Me quedé paralizada de terror. Luego una lengua larga y húmeda empezó a lamerme la cara.

—¡Jason, Jason! ¿Eres tú?

Era nuestro perro lebrel; contestó gimoteando.

Lo abracé, pero al instante volví a soltarlo:

—¿Eras tú el que estabas allí? Mira cómo me has vuelto —agregué pensando cómo estaría toda cubierta de barro.

Jason volvió a gemir y yo me levanté.

Iba a subir al porche otra vez pero me quedé helada porque en eso apareció una caravana de faros que se aproximaban rápidamente desde el Este, como ojos de gato en la noche, por el camino empapado por las lluvias. Jason gruñó asustadizo al acercarse las luces y cuando frenaron frente a la casa, se metió debajo del porche. Yo hubiera querido hacer lo mismo, pero las piernas no me obedecieron.

El automóvil que venía a la cabeza entró por

la entrada de coches. Una silueta que destacaban los faros del automóvil de atrás descendió y avanzó lentamente hacia la casa.

Yo contuve el resuello.

El conductor del automóvil siguiente bajó también de su vehículo y se quedó esperando. El primer hombre se detuvo y se quedó observando la casa largo rato como si no estuviera seguro de que ésta fuera la que buscaban. En seguida sacudió la cabeza y regresó a su coche sin decir palabra. Con un ademán de la mano le indicó al otro conductor que volviera a subir al suyo, y en menos de un minuto el primer auto salió en reversa al camino, con los faros enfrente de los demás. Estos utilizaron uno por uno la entrada de coches para voltear, y la caravana se alejó tan velozmente como había llegado. Los siete pares de luces de zaga brillaron como lejanas ascuas rojas hasta que se los tragó de la vista el bosque de Granger.

Ya que el peligro había pasado, Jason empezó a ladrar pero no salió de su escondite. Yo me apoyé en el porche y sentí un suave movimiento en la oscuridad. La Luna salió de entre las nubes para bañar el paisaje con una luz blanquecina, y pude ver con claridad al señor Morrison que rondaba silencioso como un gato montés por un lado de la casa, con una escopeta en la mano. Sintiéndome mal, trepé al porche y me arrastré temblando hasta la puerta.

Una vez dentro de la casa, me recliné sobre el picaporte mientras me inundaban oleadas de terror enfermizo. Comprendiendo que debía acostarme antes de que mi mamá y Mamá Grande vinieran del otro cuarto, me quité el vestido embarrado, volviéndolo al revés para limpiarme el fango del cuerpo y me puse la ropa de dormir. En seguida me metí en la blandura de la cama. Permanecí un rato muy quieta, tratando de no pensar en nada; pero pronto, contra mi voluntad, la visión de faros fantasmales me penetró en la mente y un temblor incontrolable me sacudió todo el cuerpo. Y me duró hasta el amanecer, cuando caí en un sueño intranquilo.

IV

—Cassie, niña, ¿qué es lo que te pasa? —me preguntó Mamá Grande metiendo tres palos de pino en la estufa para reavivar el fuego matinal—. Vas a gastar todo el día batiendo la mantequilla.

—No me pasa nada —murmuré.

—¿Nada? Desde hace una semana que estás con una cara como si te hubiera dado tos ferina, paperas y sarampión, todo junto.

Yo exhalé un suspiro y seguí batiendo. Mamá Grande estiró la mano y me tocó la frente, luego las mejillas. Frunciendo el entrecejo retiró la mano en el momento en que mi mamá entraba en la cocina.

—Mary, toca a esta niña. ¿Te parece caliente?

Mi mamá me tomó la cara entre sus finas manos.

—¿Te sientes mal, Cassie?

—No, señora.

—¿Cómo te sientes?

—Muy bien —contesté sin dejar de batir la mantequilla.

Mi mamá me observó con el mismo aire de preocupación de Mamá Grande y una fina arruga se formó en su frente. Fijando en mí sus ojos negros me dijo con dulzura:

—Cassie, ¿tienes algo que me quieras decir?

Estuve a punto de soltarle toda la terrible verdad sobre el autobús y los hombres en la noche, pero recordé que Stacey nos había hecho jurar que no diríamos nada, cuando les conté a él y a Juan Cristóbal y al Chico lo de la caravana. Dije en cambio «no señora», y seguí batiendo la mantequilla. Abruptamente ella cogió el batidor, clavándome los ojos encima y me observó como si me fuera a preguntar algo; pero la pregunta murió antes de formularse. Levantó la tapa de la mantequera y dijo con un suspiro:

—Parece que ya está. Saca la mantequilla como te enseñé y lávala. Yo me encargo de la leche.

Raspé la mantequilla de la tapa de la mantequera, la puse en un plato y fui por el molde a la pequeña despensa pasando por la cortina. Lo habían puesto debajo de otras bandejas en un anaquel alto y tuve que subirme en un taburete para alcanzarlo. Mientras yo lo sacaba, mi mamá y Mamá Grande cuchicheaban con preocupación al otro lado de la cortina.

—Algo tiene esa niña, Mary.

—No está enferma, mamá.

—Hay muchas clases de enfermedades. No come bien desde hace como una semana. Tampoco duerme bien. Está intranquila y habla dormida toda la noche. Y no sale a jugar sino que prefiere quedarse aquí ayudándonos. Eso no es normal en una niña.

Hubo una pausa y en seguida mi madre susurró en tono tan bajo que apenas la oía:

—¿Tú crees, mamá... crees que pudo haber visto...?

—Oh, no, hija. Yo fui a verla inmediatamente después de que se fueron y estaba profundamente dormida. No puede haber visto a esos demonios. Los muchachos tampoco.

—A los muchachos también les pasa algo. Todos están muy callados. Hoy que es domingo están tan silenciosos como ratones de sacristía. Eso no me gusta y no puedo dejar de pensar que tiene algo que ver con... ¡Cassie!

De pronto yo había perdido el equilibrio y di con mis huesos en el suelo, cayendo desde el pequeño taburete con el molde.

—¿Cassie, te golpeaste? —preguntó mi mamá corriendo a mi lado.

—No, señora —repuse avergonzada de mi torpeza y a punto de estallar en llanto. Sabía que si dejaba escapar una lágrima mi mamá confirmaría su sospecha de que algo andaba mal, pues yo nunca lloraba por una cosa tan boba como una caída. En efecto, era muy raro que llorara por nada. Así pues, lo que hice fue levantarme rápidamente y ponerme a recoger los pedazos del molde roto.

—Lo siento mucho, mamá.

—No importa —dijo ella, y se puso a ayudarme. Cuando terminamos de barrer las esquirlas con la larga escoba de paja silvestre, me dijo:

—Deja la mantequilla, Cassie, y vete con los muchachos.

—Pero, mamá...

—Haz lo que te digo. Yo me encargo de la mantequilla.

Me pregunté si algún día sabría lo que habíamos hecho. En seguida fui a reunirme con mis hermanos que estaban sentados junto a la lumbre y escuchaban con poca atención a Timoteo.

—Amigos, hay un sistema para no tener que trabajar —explicaba éste cuando yo me senté—. No es sino no estar por ahí cuando hay que hacer algún trabajo. Claro que los papás de uno no tienen que saber que eso es lo que uno está haciendo. ¿Ven? Hagan como yo. Como esta mañana que mi mamá quería devolver las tijeras que le prestó la señora Logan, yo me levanto y me ofrezco para traerlas para que ella no tenga que hacer ese viaje tan largo, como está tan ocupada, y todo. Y naturalmente cuando estoy aquí todos quieren que me quede otro rato y charlemos, y yo ¿qué puedo hacer? No puedo ser descortés ¿no? Y cuando al fin los convenzo de que me tengo que ir, en mi casa ya está hecho todo el trabajo. Sí, hay que despabilarse, no es más —concluyó riendo muy orondo.

Guardó silencio un rato, esperando algún comentario a su discurso, pero nadie dijo una palabra. Los ojos de Timoteo vagaron por toda la habitación y luego habló otra vez:

—Ves, Stacey, si fueras listo como yo, esa cabeza te serviría para conseguir las preguntas del gran examen que nos espera. Piensa que a lo mejor están aquí, en esta misma pieza, esperando que las descubran.

Stacey le echó una mirada de fastidio, pero no contestó.

—Hoy sí que están todos pesados —observó Timoteo—. Uno desperdicia su talento hablando con ustedes.

—Nadie te lo está pidiendo —dijo Stacey.

—Tampoco es para que te incomodes —repuso Timoteo con altanería. Otra vez reinó el silencio, pero esto no era de su agrado—. Oigan, ¿qué tal si nos damos una escapada a la tienda de los Wallaces y aprendemos los nuevos bailes?

—Mi mamá nos ha dicho que no podemos ir allá —repuso Stacey.

—¿Y tú eres un bobo que tiene que hacer todo lo que su mamá le manda?

—Ve tú si quieres —dijo Stacey tranquilamente, sin morder el anzuelo—; nosotros nos quedamos aquí.

Silencio otra vez. Timoteo volvió a tomar la palabra:

—Ah, ¿ya saben la última noticia de esos hombres de la noche?

Entonces sí, todos los ojos se apartaron del fuego para fijarse en Timoteo. Nuestros rostros eran signos de interrogación. Nos tenía totalmente en su poder.

—¿Qué hicieron? —dijo Stacey con voz casi tranquila.

Timoteo, por supuesto, iba a dilatar la noticia todo lo posible.

—Es que cuando uno tiene talento, como yo, se entera de muchas cosas que otros no saben. Pero esto no es como para los oídos de niños chiquitos, así que mejor no les cuento nada...

—Pues no cuentes —dijo Stacey con firmeza, volviéndose otra vez al fuego como si le importaran un pito los hombres de la noche. Captando su intención, yo toqué a Juan Cristóbal con el codo y él codeó al Chico, y los tres volvimos la mirada a la chimenea fingiendo desinterés.

Sin auditorio cautivo, Timoteo no tenía más remedio que ir al grano:

—Pues hace como una semana fueron a la casa del señor Sam Tatum... el que vive allá abajo, hacia Strawberry; ¿y saben lo que le hicieron?

Stacey, el Chico y yo mantuvimos la mirada fija en la chimenea, pero Juan Cristóbal preguntó curioso:

—¿Qué?

Le di un codazo y se volvió, arrepentido; pero Timoteo triunfante con un auditorio asegurado, aunque fuera de una sola persona, se respaldó en su asiento dispuesto a prolongar el suspenso.

—Mi mamá me mata si sabe que he contado esto. La oí hablando con la señora Clara Thompson de este asunto. Estaban asustadas. Pero no sé por qué. A mí no me asustan los tales hombres de la noche. Como le dije a Claudio...

—Oigan —interrumpió Stacey poniéndose de pie y haciéndonos señas para que nos levantáramos—: Mi mamá dijo que quería que lleváramos una leche y una mantequilla a la señora Jackson antes de mediodía. Ya es hora de ponernos en marcha.

Juan Cristóbal, el Chico y yo nos paramos.

—¡Lo embrearon y lo emplumaron! —dijo Timoteo precipitadamente—. Le echaron en todo el cuerpo la brea más negra que encontraron y después lo cubrieron con plumas de gallina. ¿Qué les parece? —agregó riendo.

—¿Pero por qué? —preguntó el Chico olvidando nuestro juego.

Esta vez Timoteo no apeló a más dilación.

—No sé si esas orejitas de ustedes podrán oír esto, pero parece que llamó mentiroso al señor Lee Barnett, el de la tienda La Mercantil, allá en Strawberry. El señor Tatum dizque le dijo que él no había pedido todas las cosas que le estaba cobrando; el señor Barnett dijo que tenía todo escrito, todo lo que el señor Tatum había pedido, y cuando el señor Tatum le pidió que le mostrara la lista, el señor Barnett dijo: «¿Usted me está diciendo mentiroso?» y el señor Tatum dijo: «Pues sí». ¡Y entonces se armó la grande!

—¿Entonces no fue por lo del autobús? —se le salió a Juan Cristóbal.

—¿Qué autobús? ¿Qué tiene que ver el autobús?

—Nada —dijo Stacey rápidamente—. Nada absolutamente.

—Pues si han dicho que los hombres de la noche vinieron por causa de un autobús, están locos —afirmó con autoridad Timoteo—, porque esto que yo les cuento lo dijo la misma señora Clara Thompson que habló personalmente con el señor Tatum.

—¿Estás seguro? —le preguntó Stacey.

—¡Que si estoy seguro! ¡Pues claro está! ¿Cuándo he dicho una cosa si no estoy seguro?

Stacey sonrió con alivio.

—Vamos por la leche —dijo.

Todos entramos en la cocina, luego en las alcobas para buscar los abrigos. Cuando salimos, Timoteo se acordó de que se le había quedado la gorra cerca de la chimenea y volvió a entrar por ella. En cuanto estuvimos solos el Chico preguntó:

—Stacey, ¿tú crees realmente que esos hombres le untaron brea al señor Tatum y le pusieron plumas?

—Creo que sí.

El Chico frunció el ceño pero fue Juan Cristóbal el que habló, en un murmullo agudo como si algún espectro de la mañana pudiera oír:

—Si descubren lo del autobús, ¿crees que nos van a emplumar a nosotros también?

El Chico observó gravemente:

—Si nos untan brea, nunca podremos limpiarnos otra vez.

—Cassie —dijo Juan Cristóbal con los ojos muy abiertos—: ¿Te dio mucho miedo cuando los viste?

—A mí me gustaría verlos —dijo el Chico temblando de emoción.

—A mí no —declaró Juan Cristóbal—. Ojalá que nunca hubiera oído hablar de hombres de la noche, ni de autobuses, ni de secretos, ni de huecos en el camino.

Y tras este desahogo metió las manos en los bolsillos de la chaqueta, apretó los labios y no quiso decir una palabra más.

Después de un rato Stacey dijo:

—¿Qué se quedaría haciendo Timoteo?

Nos alzamos de hombros, pero volvimos con Stacey al porche y luego entramos en la casa. Timoteo dio un salto cuando nos vio. Estaba al lado del escritorio y tenía en la mano un libro de mi mamá, *El Negro* por W. E. B. Du Bois.

—Eso no es tu gorra —le dijo Stacey.

—Ay, hombre, si no he hecho nada. Sólo estaba viendo el libro de historia de la señora Logan, no más. Me interesa mucho ese lugar que llaman Egipto de que nos ha estado hablando y esos reyes negros que reinaban entonces.

Sin dejar de hablar, dejó el libro y tomó discretamente su gorra. Todos le lanzamos miradas acusadoras y se detuvo.

—¿Qué es esto? ¿Me están espiando? Seguro que están pensando que yo estaba buscando las preguntas del examen o quién sabe qué. ¡Caray! Se diría que no confían en uno.

Le echó un brazo al hombro a Stacey y continuó:

—Los amigos tenemos que confiar los unos en los otros, Stacey, porque no hay nada como un amigo de verdad.

Y con estas palabras de sabiduría salió del cuarto, dejándonos a nosotros pensando cómo se había escabullido una vez más.

El lunes siguiente a su llegada el señor Morrison se había mudado a la choza de arrendatarios abandonada en el prado del Sur. La casucha estaba en un estado lamentable; la puerta colgaba desconsolada de una bisagra rota; el entablado del porche estaba podrido; y el interior, de una sola pieza, lo ocupaba una densa población de ratas, arañas y otros bichos del monte. Pero el señor Morrison era un hombre tranquilo, casi tímido, y a pesar de que mi mamá le ofreció alojarlo en nuestra casa, él prefirió la vieja choza. Comprendiendo que el señor Morrison era una persona reservada, mi madre no insistió, pero sí nos mandó a nosotros a la casita para que ayudáramos a limpiarla.

El Chico, Juan Cristóbal y yo simpatizamos inmediatamente con el señor Morrison y emprendimos gustosos la tarea. Todo el que fuera amigo de mi papá era amigo nuestro; además, mientras estuviera cerca, los hombres de la noche y los incendios y los emplumados se esfumaban en una nebulosa distancia. Stacey, por el contrario, permanecía alejado y no se trataba mucho con él.

Terminada la limpieza, le pregunté a mi mamá si Juan Cristóbal, el Chico y yo podíamos ir a visitar al señor Morrison, pero dijo que no.

—Pero, mamá, es que quisiera saber más de él —le expliqué—. Sólo quisiera saber por qué es tan grande.

—Ya sabes todo lo que necesitas saber. Y

mientras el señor Morrison esté con nosotros, ésa es su casa. Si él quiere que lo visiten, ya los llamará él mismo.

—No sé por qué es ese afán de ir allá —dijo Stacey de mal humor cuando mi mamá salió.

—Porque nos gusta, por eso —contesté, cansada de su actitud hostil hacia el señor Morrison, y luego con la mayor discreción posible agregué—: ¿A ti qué te pasa? ¿Por qué no te gusta el señor Morrison?

—Sí me gusta —repuso encogiéndose de hombros.

—Entonces no actúes así.

—Aquí no lo necesitamos. Todo el trabajo que hace, lo podría hacer yo también.

—No, no puedes. Y además... —miré en torno para asegurarme de que Mamá Grande y mi mamá no estuvieran cerca—, además mi papá no lo trajo para que trabajara. Tú sabes por qué lo trajo.

—De eso también me podía encargar yo —replicó con orgullo.

Lo miré con incredulidad, pero guardé silencio. No quería pelear, y mientras el señor Morrison estuviera a distancia de oír un grito desde el porche de atrás, a mí poco me importaba lo que Stacey se *creyera* capaz de hacer.

—A mí sí que no me gustaría tener a ese hombre en mi casa —dijo Timoteo cuando íbamos para la escuela—. Apuesto a que si un día se disgusta, alza al Chico y lo tira por encima de ese árbol como si no fuera más que una ramita. Claro que tal vez yo también podría hacer eso.

—No podrías —replicó el Chico molesto mientras el otro reía.

—Cállate, hombre —dijo Stacey—. Timoteo, deja en paz al Chico.

—Ah, no lo estoy molestando. El y yo somos amigos. ¿Verdad, Chico?

Mi hermanito no contestó. Timoteo se volvió a Stacey:

—¿Estás preparado para el examen de historia?

—Más o menos, pero siempre se me olvidan las fechas.

—Tal vez yo te podía ayudar, si quieres...

—¿Cómo? Tú eres peor que yo para las fechas.

Timoteo hizo una mueca socarrona, sacó furtivamente del bolsillo un papelito doblado y se lo pasó a Stacey. Este lo desdobló, lo examinó con curiosidad, y luego puso mala cara:

—¿Has resuelto hacer trampa?

—No, no es que haya resuelto —replicó Timoteo muy serio—. Sólo si me veo obligado.

—Pues no la vas a hacer —dijo Stacey rasgando la hoja.

Timoteo protestó y trató de arrebatársela, pero Stacey le volvió la espalda, rompió el papel en pedacitos pequeños y los tiró a la zanja.

—¡Hombre, Stacey, eso no se hace! Yo jamás te haría algo así.

—Tal vez no —replicó Stacey—, pero por lo menos así no te metes en un lío.

—¡Y qué más lío que lo reprueben a uno! —gruñó Timoteo.

A la salida de la escuela el Chico, Juan Cristóbal, Claudio y yo estábamos sentados en el primer escalón del edificio de séptimo grado esperando a Stacey y a Timoteo, cuando se abrió violentamente la puerta y Timoteo salió disparado, cruzó el patio y desapareció en el bosque.

—¿Qué le pasa? —preguntó Juan Cristóbal—. ¿No va a esperar a Stacey?

Salieron los demás alumnos de séptimo, encabezados por Willie Wiggins y Moe Turner.

—¡Allá va! —dijo Willie. Moe Turner gritó:

—Corramos a ver adónde va.

El y otros tres muchachos se lanzaron en persecución de Timoteo. Los demás se quedaron nerviosos cerca de las escaleras, como si la escuela no hubiera terminado.

—¿Qué pasa? —le pregunté a Willie—. ¿Qué están esperando?

—¿Y dónde está Stacey? —preguntó el Chico.

—Adentro, con la señora Logan. Hoy le pegaron.

—¿Le pegaron? —pregunté yo—. Nadie le pega a Stacey. ¿Quién le pegó?

—Tu mamá —contestó Willie riendo.

—¡Mi mamá! —dijimos al tiempo Juan Cristóbal, el Chico y yo.

—Sí, y delante de toda la clase —dijo Willie.

Tragué saliva, sintiéndome adolorida por mi hermano mayor. Que le pegara a uno una maestra delante de treinta alumnos era de suyo una vergüenza, pero que fuera la propia mamá de uno la que aplicaba el castigo, era toda una afrenta.

—¿Por qué le pegó mi mamá? —preguntó Juan Cristóbal.

—Lo cogió con unas notas para hacer trampa en el examen de historia.

—Mi mamá sabe que Stacey no hace trampa —declaré yo.

—Pues sepa o no sepa, lo cierto es que le dio su azotaina... Eso sí, pudo haberse librado cuando dijo que él no había hecho trampa y ella le preguntó cómo era que tenía ese papel, pero Stacey no quiso acusar a Timoteo, y claro que Timoteo no iba a confesar que las notas eran de él.

—¡Notas! ¿Cómo tenía Timoteo notas para hacer trampa? Si esta mañana Stacey se las rompió.

—Pero a la hora del almuerzo Timoteo se fue al bosque y estuvo escribiendo otras —dijo Willie—. Moe y yo lo vimos.

—¿Y qué diablos hacía Stacey con ellas?

—Pues estábamos en medio del examen, y

Timoteo sacó las notas para copiar... Clarence y yo estábamos sentados detrás y vimos todo... Stacey estaba a la derecha de Timoteo y cuando vio las notas le hizo señas para que las guardara. Primero Timoteo no las quiso guardar, pero cuando vio que la señora Logan los estaba mirando se las pasó a Stacey. Cuando Stacey las recibió no vio que la señora Logan venía, y cuando la vio ya era muy tarde para esconderlas. La señora Logan no tenía más remedio que pegarle y también lo reprobó.

—Y Timoteo se quedó quieto y no dijo una palabra —añadió Clarence riendo.

—Pero yo conozco a Stacey y sé que Timoteo las va a pagar —apuntó Willie—. Y Timoteo también lo sabe, y por eso salió corriendo... ¡Hola, Stacey!

Stacey salió en ese momento y toda la atención se volvió hacia él. Estaba serio pero su voz no delataba cólera. Dijo simplemente:

—¿Han visto a Timoteo?

Todos los estudiantes contestaron en coro indicando que Timoteo había ido hacia el Oeste, hacia su casa, y en seguida rodearon a Stacey cuando atravesó el patio. Juan Cristóbal, el Chico, Claudio y yo los seguimos.

Cuando llegamos al cruce de caminos, allí nos esperaba Moe Turner.

—Timoteo se ha ido a la tienda de Wallace —nos informó.

Stacey se detuvo y todos nos detuvimos. Miró en dirección a la escuela Jefferson Davis, luego por el camino abajo hacia Great Faith.

Mirándome, me ordenó:

—Cassie, vete a casa con Juan Cristóbal y el Chico.

—Tú vienes también —repuse temerosa de dónde podría ir.

—Antes tengo que arreglar cuentas —dijo alejándose.

—¡Mi mamá es la que te va a arreglar a ti! —le grité—. ¡Tú sabes que nos ordenó no ir allá, y si se entera te va a desollar otra vez! ¡Y mi papá también!

Pero no hizo caso. Juan Cristóbal, el Chico, Claudio y yo nos quedamos un momento mirando a Stacey y a otros alejarse en dirección al Norte. El Chico dijo:

—Yo quiero ver qué va a hacer.

—Yo no —declaró Juan Cristóbal.

—Vamos —dije yo andando en pos de Stacey con el Chico y Claudio a mi lado.

—Yo no quiero que a mí me peguen —agregó Juan Cristóbal quedándose solo en el cruce. Pero cuando vio que nosotros no nos íbamos a devolver, corrió a alcanzarnos, refunfuñando todo el tiempo.

La tienda de Wallace quedaba casi media milla más allá de la escuela Jefferson Davis, en un lote triangular que daba frente al cruce de caminos de Soldiers Bridge. Había sido en un tiempo la tienda de la plantación de los Grangers, pero hasta donde iban mis recuerdos, siempre la habían administrado los Wallaces y allí hacía sus compras la mayor parte de los que habitaban en una extensión de cuarenta millas entre Smellings Creek y Strawberry. Las tres esquinas restantes del cruce eran tierras de bosques, negros y tupidos. La tienda era una pequeña construcción con un surtidor de gasolina al frente y una caseta del almacén al fondo. Más allá de la tienda, dando al borde del bosque, había dos casas de tabla gris y una huerta. Pero no había campos de sembradura; los Wallaces no cultivaban la tierra.

Stacey y los demás estaban parados frente a la puerta de la tienda cuando llegamos corriendo el Chico, Juan Cristóbal, Claudio y yo. Nos acercamos para poder ver al interior. Un hombre a quien todos conocíamos, Kaleb Wallace, estaba detrás del mostrador. Unos pocos más jugaban a las damas en torno a una estufa, y los hermanos mayores de Jeremy, Roberto y Melvin, que habían desertado de la escuela hacía tiempo, recostados sobre el mostrador nos miraban con ojos soñolientos. Kaleb Wallace dijo:

—Vayan todos allá atrás, si no van a comprar nada. El señor Dewberry ya les puso la música.

Cuando nos retirábamos de la puerta, Melvin Simms dijo:

—Miren todos los negritos que vienen a bailar —y una risotada de los hombres llenó el recinto.

Juan Cristóbal me tiró de la manga.

—Esto no me gusta, Cassie. Vámonos a casa.

—No nos podemos ir sin Stacey.

La música invitaba desde la caseta de almacén, donde Dewberry Wallace ponía unas botellas redondas en una mesa cuando entramos todos en tropel. Fuera de la mesa, no había más muebles. Alrededor de las paredes había unas cajas pero el centro de la pieza se había despejado para el baile. Varias parejas mayores de Great Faith se dedicaban a hacer movimientos que yo no había visto antes.

—¿Qué es lo que hacen? —preguntó el Chico.

—Me imagino que eso será lo que llaman bailar.

—¡Allá va! —gritó alguien en el momento en que la puerta trasera del almacén se cerraba con un portazo. Stacey salió rápidamente y corrió detrás del edificio. Timoteo huía en dirección a Soldiers Road. Stacey atravesó velozmente el patio de los Wallaces y dando grandes saltos como un zorro del bosque cayó sobre Timoteo. Ambos rodaron por tierra, tratando cada uno de mantener a su adversario de espaldas contra el suelo; pero Stacey, que era más fuerte, llevaba la ventaja y Timoteo, viéndose perdido, gritó:

—Espera... espera un momento. Déjame que te explique...

Stacey no lo dejó terminar. Incorporándose de

un salto, levantó también a Timoteo y le dio un puñetazo en plena cara. Timoteo retrocedió tambaleándose y llevándose la mano a los ojos como si estuviera mal herido, y Stacey por un instante bajó la guardia. En ese momento Timoteo arremetió otra vez contra él y ambos volvieron a rodar por el suelo.

El Chico, Juan Cristóbal y yo, con los demás, les hicimos ruedo lanzando grandes exclamaciones mientras los combatientes caían o se incorporaban dándose puñetazos. Estábamos tan absortos en la lucha que no reparamos en un carro tirado por una mula que paró en el camino y del cual descendió un gigante. Sólo cuando se suspendió la gritería detrás de nosotros y los niños y niñas que estaban a mi lado retrocedieron, levanté la vista.

Ahí estaba la elevada figura del señor Morrison.

Sin mirarnos a mí ni a Juan Cristóbal o al Chico (aun cuando yo sabía que nos había visto) se fue directamente a los peleadores y quitó a Stacey de encima de Timoteo. Después de un largo rato de tensión le dijo:

—Tú sube al carro con tu hermana y tus hermanos.

Marchamos por entre el grupo ahora silencioso. Kaleb y Dewberry Wallace, parados en el porche de la tienda con los Simms, se quedaron viendo al señor Morrison cuando pasamos, pero él siguió mirando al frente como si no estuvieran allí. Stacey se sentó adelante con el señor Morrison; los demás nos acomodamos atrás.

—Ahora sí que nos van a zurrar —dijo Juan Cristóbal temblando—. Yo les dije que debíamos irnos a casa.

Antes de tomar las riendas, el señor Morrison le dio a Stacey un pañuelo para que se vendara una mano lastimada, pero no dijo ni una sola palabra y el silencio sólo se rompió cuando habíamos pasado del cruce que llevaba a Great Faith.

—Señor Morrison... ¿se lo va contar a mi mamá? —preguntó Stacey bruscamente.

Sólo se oían los cascos de la mula que pisaban el camino. Al fin el señor Morrison dijo:

—Creo haberle oído decir a tu mamá que no fueran a la tienda de los Wallaces.

—Sí, señor —repuso Stacey mirándolo nerviosamente—. Pero yo tenía un buen motivo.

—No hay ningún buen motivo para que uno desobedezca a su mamá.

Nos miramos los unos a los otros y a mí me ardieron las posaderas de sólo pensar en la correa de cuero de mi mamá.

—Señor Morrison —dije precipitadamente—, era que Timoteo se estaba escondiendo porque creía que Stacey nunca iría a buscarlo allí. Pero Stacey tenía que ir porque Timoteo estaba haciendo trampa...

—¡Silencio, Cassie! —me ordenó severamente Stacey volviendo la cabeza. Yo vacilé un instante, pero pensé que mis posaderas valían más que el código de honor de Stacey, y solté lo demás:

—Y Stacey tuvo que responder como si él fuera el culpable y mi mamá le pegó delante de Dios y de toda la clase...

Una vez dicha la verdad, esperé con la boca seca y el estómago revuelto a que el señor Morrison dijera algo. Cuando habló, todos lo escuchamos con la mayor atención. Dijo tranquilamente:

—No le diré nada.

Juan Cristóbal dio un suspiro de alivio.

—Nunca más vamos a volver allá —prometió. El Chico y yo estuvimos de acuerdo. Pero Stacey se quedó largo rato mirándolo.

—¿Por qué no le va a decir nada, señor Morrison?

El señor Morrison tiró de las riendas a la mula cuando entrábamos por el camino que conducía a la casa.

—Porque voy a dejar que ustedes mismos se lo digan.

—¡Cómo! —exclamamos todos al tiempo.

El dijo lentamente:

—A veces uno tiene que pelear. Pero esa tienda no es el lugar para eso. Según he oído decir, tipos como esos Wallaces no respetan a las personas de color y les parece muy divertido cuando nos ven pelear entre nosotros. Su mamá sabe que esos Wallaces no son buenas personas, por eso no quiere que vayan allá, y todos ustedes le deben contar lo que pasó y se lo deben a sí mismos. Pero yo dejo que ustedes resuelvan.

Stacey se quedó pensativo y apretó más el pañuelo alrededor de la mano lastimada. No tenía ninguna señal en la cara, de manera que si podía inventar alguna manera de explicarle a mi mamá lo de la mano sin decir una mentira, todo saldría bien, porque el señor Morrison no había dicho que tenía que decírselo. Sin embargo, por alguna razón que yo no comprendí, dijo:

—Está bien, señor Morrison. Yo se lo diré.

—¡Estás loco! —exclamé, a tiempo que Juan Cristóbal y el Chico llegaban a la misma conclusión. Si no le importaba su propio pellejo, lo menos que podía hacer era tener consideración con el nuestro. Pero parece que no nos oyó. El y el señor Morrison cambiaron una mirada y una sonrisa de inteligencia, y la distancia que los separaba desapareció.

Cuando ya estábamos cerca de la casa vimos venir en medio de una polvareda el Packard del señor Granger. El señor Morrison desvió la mula a un lado del camino para dejar pasar el enorme automóvil, después volvió a guiar el carro por el centro del sendero. Mamá Grande estaba parada cerca de la portilla del patio que daba a la entrada de coches, mirando hacia el bosque.

—Mamá Grande, ¿qué hacía aquí el señor Granger? —preguntó Stacey saltando al suelo y yendo a su encuentro.

El Chico, Juan Cristóbal y yo bajamos también del carro y lo seguimos. Sin apartar la mirada del bosque, Mamá Grande contestó como distraída:

—Nada; fastidiar otra vez con lo de las tierras.

—Ah —dijo Stacey en un tono que indicaba que consideraba la visita de escasa importancia; Granger siempre había querido comprar nuestra tierra. Stacey se fue a ayudarle al señor Morrison. Juan Cristóbal y el Chico se fueron con él, pero yo me quedé con Mamá Grande.

—¿Para qué necesita más tierra el señor Granger? —le pregunté.

—No la necesita. Ya tiene más tierra de la que puede manejar.

—¿Entonces para qué quiere la nuestra?

—Pues para tenerla, nada más.

—Me parece que eso es codicia. Tú no se la vas a vender, ¿verdad?

No me contestó. Salió al camino, pasó al otro lado y entró en el bosque. Yo corrí detrás de ella. Anduvimos un rato en silencio por la pequeña senda que serpenteaba entre los árboles y conducía a una laguna. Allí el bosque se abría en un gran claro hecho por la mano del hombre con la tala de muchos árboles, algunos de los cuales estaban aún tendidos en el suelo. Los habían cortado en el verano después de que se presentó el señor Anderson ofreciendo comprarlos. La oferta la había apoyado con una amenaza y Mamá Grande tuvo miedo, así que vinieron los madereros del señor Anderson y cortaron y aserraron y destruyeron magníficos árboles viejos. Mi papá estaba entonces trabajando en el ferrocarril, pero mi mamá y Stacey lo mandaron a llamar. Regresó e hizo suspender la tala, pero ya habían caído muchos árboles.

Mamá Grande examinó el claro sin decir palabra; luego, pasando por entre los troncos que empezaban a podrirse, fue hasta la orilla de la laguna y se sentó en uno de ellos. Yo me senté a su lado y esperé a que hablara. Después de un rato sacudió la cabeza y dijo:

—¡Cuánto me alegro de que a tu abuelo no le tocara ver esto! El quería estos viejos árboles con todo su corazón. El y yo veníamos aquí muy temprano por las mañanas, o por la tarde antes de ponerse el sol, y nos sentábamos a conversar. Decía que este lugar era su pensadero y a la laguna la llamaba La Carolina, por mí.

Sonrió vagamente y siguió hablando como consigo misma:

—Yo no había cumplido aún los dieciocho años cuando Pablo Eduardo se casó conmigo y me trajo a vivir aquí. Era como ocho años mayor que yo y tenía talento. ¡Ah, Dios mío, ese hombre sí que tenía talento! Tenía una cabeza como una trampa de hierro. Cualquier cosa que veía hacer, él la podía hacer. Había aprendido carpintería allá en Macon, Georgia, donde nació. Nació esclavo, dos años antes de que viniera la libertad,[1] y él y su mamá se quedaron en la plantación cuando terminó la guerra[2]. Pero después cuando tenía catorce años y su mamá se murió, se fue a trabajar a otra parte y así llegó a Vicksburg.

—Allí fue donde te conoció, ¿no es cierto, Mamá Grande? —pregunté yo, sabiendo de antemano la respuesta.

—Allí fue —asintió sonriendo—. Allí estaba carpinteando y mi papá me llevó un día a Vicksburg... vivíamos como aparceros como a unas treinta millas de allí... a ver si comprábamos una mecedora para mi mamá, y allí estaba Pablo Eduardo trabajando en esa tienda de muebles tan grande. Tenía un buen empleo, pero eso no era lo que él quería. Lo que él quería era tener su propia tierra. Y hablaba y hablaba de tierras, y entonces sacaron esta tierra a la venta.

—Y se compró los doscientos acres del yanqui aquel, ¿no?

Mamá Grande rió con una risita ahogada:

—Ese hombre se fue directo a ver al señor Hollenbeck y le dijo: «Señor Hollenbeck, en-

---

[1] La esclavitud fue abolida por ley en el Sur de los Estados Unidos después de la Guerra de Secesión en 1865. (N. del Ed.)
[2] Se refiere a la Guerra de Secesión (1861-1865). (N. del Ed.)

tiendo que usted tiene tierra para la venta y me interesaría comprarme una doscientos acres si el precio me conviene». Y el otro le hizo un montón de preguntas, y quiso saber de dónde iba a sacar el dinero, pero Pablo Eduardo le dijo: «Usted no se preocupe de dónde voy a sacar el dinero, con tal de que le pague». ¡Nadie asustaba a tu abuelo! —agregó con orgullo—. Y el señor Hollenbeck le vendió la tierra. Claro que él tenía tanto afán de vender como Pablo Eduardo de comprar. Había sido de él desde hacía casi veinte años... se la compró a los Grangers durante la Reconstrucción.

—¿Porque ellos no tenían con qué pagar los impuestos?

—No sólo no tenían para impuestos. ¡No tenían dinero para nada! La guerra los arruinó. El dinero de la Confederación que era lo que ellos tenían no valía nada y su finca la habían saqueado los soldados, tanto del Norte como del Sur. A los Grangers no les quedaba nada fuera de la tierra y tenían que vender dos mil acres para poder pagar impuestos y reconstruir el resto, y ese yanqui les compró todos los dos mil.

—Y después quiso volver a vendérselos a ellos mismos, ¿no?

—Sí... pero eso no fue hasta el ochenta y siete, cuando tu abuelo se compró los doscientos acres. Yo oía contar que el yanqui le ofreció otra vez todos los dos mil acres al padre de Harlan

115

Granger por menos de lo que la tierra valía, pero el viejo Filmore Granger era de lo más mezquino con sus centavos y no quiso volverla a comprar. Entonces el señor Hollenbeck anunció que vendía y no tardó en venderla toda porque era una tierra de primera. Además de tu abuelo, otros granjeros pequeños compraron ochocientos acres y el señor Jamison compró el resto.

—Pero ése no era el Jamison que nosotros conocemos, sino el papá —dije yo, que ya conocía la historia.

—Sí; se llamaba Charles Jamison. Y era todo un caballero, un buen vecino que siempre nos trataba con justicia... lo mismo que el hijo. Los Jamisons eran lo que la gente llama «del Viejo Sur», de Vicksburg, y tengo entendido que antes de la guerra eran riquísimos y aun después de la guerra no les fue tan mal como a otros sureños porque habían ganado algo de dinero del Norte. En todo caso, al viejo señor Jamison se le metió en la cabeza cultivar la tierra y se trajo aquí a toda su familia. En ese tiempo el señor Wade Jamison no tendría más de unos ocho años.

—Pero a él no le gustaba el campo.

—Oh, sí le gustaba, pero lo que pasa es que no servía para eso, y después de que estuvo en el Norte y en una escuela de derecho, resolvió ejercer la abogacía.

—¿Por eso fue que le vendió a mi abuelo los otros doscientos acres?

—Sí, por eso. Fue muy bondadoso. Mi Pablo Eduardo les había echado el ojo desde 1910 cuando le acabó de pagar al banco la deuda por los primeros doscientos, pero el viejo señor Jamison no había querido vender. Por esa misma época Harlan Granger pasó a ser cabeza de la plantación de los Grangers... él y Wade Jamison son como de la misma edad... y quería comprar toda la tierra que hubiera pertenecido antes a la familia. No pensaba sino en cómo eran las cosas antes de la guerra y quería que su tierra volviera a ser igual. Estaba loco. Ya tenía más de cuatro mil acres pero se desvivía por esos otros dos mil que su abuelo vendió. Pudo recuperar ochochientos de los otros granjeros que le habían comprado al señor Hollenbeck...

—Pero mi abuelo y el señor Jamison padre no vendían, ¿verdad? Por más dinero que ofreciera el señor Granger —declaré yo.

—Esa es la pura verdad —dijo Mamá Grande—. Pero cuando murió el viejo señor Jamison y lo heredó el señor Wade, en 1918, él sí le vendió a Pablo Eduardo esos doscientos acres y el resto de la tierra a Harlan Granger y se llevó a su familia a vivir a Strawberry. Les había podido vender todos los dos mil acres a los Grangers y le habrían pagado mejor, pero se los vendió a tu abuelo... y hasta el día de hoy Harlan Granger no se lo perdona.

El suave rumor de hojas que caían hizo a

Mamá Grande apartar la mirada de la laguna y dirigirla nuevamente a los árboles. Sus labios se curvaron en una tierna sonrisa evocadora, y prosiguió así:

—Me parece estar viendo la cara de Pablo Eduardo el día que el señor Jamison le vendió los doscientos acres. Me abrazó y recorriendo con la vista sus nuevas tierras dijo exactamente lo mismo que había dicho cuando tuvo los primeros doscientos. Dijo, «Linda Carolina, ¿quieres trabajar este hermoso pedazo de tierra conmigo?» Sí... exactamente las mismas palabras...

Guardó silencio, frotándose con una mano las arrugas de la otra, como si quisiera alisárselas. Yo me quedé mirando al agua gris y quieta como cristal. Había aprendido que en ocasiones como ésta lo mejor era esperar en lugar de hacerle preguntas que tal vez interrumpirían sus recuerdos, y la molestarían. Después de un rato volvió a hablar, con una voz que era apenas un murmullo:

—¡Hace ya tanto tiempo! Trabajamos en firme haciendo la siembra, después la cosecha. ¡Cuánto trabajamos!... Pero también, ¡cuánto gozamos! Eramos jóvenes y fuertes cuando comenzamos y nos gustaba el trabajo. Ni él ni yo teníamos pereza, ni criamos hijos perezosos. Tuvimos seis hijos espléndidos. Las niñas las perdimos cuando eran chiquitas... por eso será que yo quiero tanto a tu mamá... pero los muchachos se criaron fuertes y todos querían esta tierra tanto como

Pablo Eduardo y yo. Si tenían que irse, siempre volvían. No la podían dejar. Después, Mitchell murió en la guerra y Kevin se ahogó —añadió con un suspiro y su voz se apagó, pero cuando volvió a hablar se había afirmado y los ojos le brillaban—: Ahora no me quedan más hijos que tu papá y tu tío Hammer, y esta tierra es de ellos tanto como mía. Aquí en esta tierra está su sangre, y ahora el tal Harlan Granger habla siempre de comprarla. Con esa cantilena molió a Pablo Eduardo y ahora me está moliendo a mí. ¡Uf! No me conoce ni conoce esta tierra si piensa que voy a vender.

Corrió un viento frío que se me metió entre la chaqueta y tirité. Mamá Grande me miró por primera vez.

—¿Estás con frío?

—No, señora —contesté, pues no quería que nos fuéramos a casa.

—No me digas mentiras, niña —dijo estirando la mano—. Ya es hora de que volvamos a entrar. Pronto va a llegar tu mamá.

Tomé su mano y las dos abandonamos La Carolina.

A pesar de todos los esfuerzos que hicimos por disuadirlo de su propósito, cuando mi mamá regresó a casa, Stacey le confesó que había peleado con Timoteo en la tienda de los Wallaces y que el señor Morrison los había separado. Parado frente a ella le reveló vergonzoso sólo aquellas cosas que podía mencionar honorablemente. No le dijo ni una palabra de la trampa de Timoteo ni de que Juan Cristóbal, el Chico y yo hubiéramos estado con él, y cuando mi mamá le hacía alguna pregunta que no podía contestar con honradez, sencillamente se miraba los pies y se negaba a hablar. Los demás presenciamos con gran inquietud la entrevista, y cuando mi mamá nos miraba, encontrábamos rápidamente otro lugar donde volver los ojos.

Al fin, viendo que ya había obtenido de Stacey toda la información que podía obtener, se volvió a nosotros:

—Seguro que ustedes también fueron a la tienda —y antes que ninguno pudiera contestar palabra, agregó—: Ya me lo imaginaba.

Empezó a pasear de arriba abajo por la pieza, con los brazos cruzados y expresión de contrariedad. Nos dio un buen regaño pero no nos pegó, y nos mandó a acostarnos temprano. Esto no lo consideramos un castigo y probablemente ella tampoco. Cómo habíamos escapado de una buena mano de azotes no lo comprendimos hasta el sábado, cuando nos despertó antes de que amaneciera y nos hizo subir al carro para llevarnos al Suroeste, hacia Smellings Creek. Por el camino nos dijo:

—Adonde vamos hay un hombre muy enfermo y no parece como las demás personas.

Pero no quiero que se asusten cuando lo vean. Manéjense como siempre.

Anduvimos cerca de dos horas antes de entrar por un pequeño sendero del bosque, donde nos zangoloteó de lo lindo lo abrupto del camino hasta llegar a un claro. Allí se veía una casa pequeña despintada por acción del tiempo, y más allá se extendían campos sin cultivo. Mi mamá frenó la mula frente a la casa y nos ordenó bajarnos. La puerta principal se oyó traquear, pero nadie apareció. Entonces mi mamá dijo:

—Buenos días, señora Berry. Soy Mary Logan, la mujer de David.

Entonces sí se abrió la puerta y salió una mujer de edad madura, flaca y desdentada. El brazo izquierdo le colgaba inútil como si se lo hubiera fracturado hacía mucho tiempo y no le hubiera soldado bien, y cojeaba un poco al andar. Sin embargo, sonrió y le echó el brazo bueno al hombro a mi mamá diciéndole:

—Alabado sea Dios, hija, ¡qué buena es usted! ¡Venir a ver a estos huesos viejos! Yo sí le dije a Sam: ¿quién va a venir a ver a unos viejos como nosotros? ¿Estos son sus nenes, no? ¡Qué lindos son, Señor Todopoderoso!

Nos abrazó a todos y nos invitó a entrar.

El interior estaba oscuro, iluminado apenas por la angosta faja de luz gris que entraba por la puerta abierta. Stacey y yo les llevábamos vasijas de leche y mantequilla, mientras que Juan

Cristóbal y el Chico eran portadores de sendos frascos de carne y de arvejas que mi mamá y Mamá Grande habían conservado. La señora Berry recibió estos obsequios haciendo al mismo tiempo mil preguntas acerca de Mamá Grande, de mi papá y de otros. Cuando los hubo guardado en su repostería, sacó escabeles de la oscuridad para que nos sentáramos, luego fue al rincón más oscuro de la pieza y dijo:

—Sam, ¿quién crees que ha venido a visitarnos?

No hubo respuesta inteligible, sólo un resoplido gutural, pero ella pareció aceptarlo y añadió:

—La señora Logan y sus hijos. ¿Qué te parece?

De una mesa cercana tomó una sábana explicando:

—Tengo que cubrirlo. Casi no aguanta nada que lo toque.

Cuando volvió a hacerse visible tomó un cabo de vela, y buscó fósforos en la mesa.

—Ya no puede hablar. Quedó muy mal después de la quema, pero entiende lo que se le dice.

Habiendo hallado los fósforos, encendió la vela y se volvió una vez más al rincón. Había allí una forma quieta que nos miraba con ojos fulgurantes. La cara no tenía nariz, ni la cabeza pelo; la piel estaba chamuscada, quemada, los labios negros como carbón; de la abertura que había sido boca salía un resoplido. Mi mamá dijo:

—Niños, saluden al esposo de la señora Berry.

Mis hermanos y yo tartamudeamos algunas

palabras de saludo y nos sentamos en silencio, tratando de no quedarnos con la vista clavada en el señor Berry toda la hora que permanecimos en la pequeña casa. Mi madre, en cambio, les habló suavemente a ambos esposos, contándoles noticias de la comunidad como si el señor Berry fuera tan normal como cualquier otro.

Cuando volvimos a salir al camino principal, después de haber recorrido en pensativo silencio el sendero boscoso, mi mamá nos dijo:

—Niños, esto lo hicieron los Wallaces. Les echaron queroseno al señor Berry y a sus sobrinos y les prendieron fuego. Uno de los sobrinos murió, el otro está igual que el señor Berry. Todo el mundo sabe que fueron los Wallaces, y ellos mismos se ríen de lo que hicieron, pero no se ha hecho nada. Son mala gente, esos Wallaces. Por eso es que yo no quiero que ustedes vuelvan a su tienda, por ninguna razón. ¿Entendido?

Asentimos con ademanes de cabeza, incapaces de decir una palabra teniendo en la imaginación a aquel hombre desfigurado, tendido en la oscuridad.

En el camino de regreso nos detuvimos en las casas de algunos de los alumnos de mi mamá, donde las familias salían de chozas de alquiler para saludarnos. Mi mamá les hablaba a todos de la mala influencia de los Wallaces, de que en su tienda permitían fumar y beber, y pedía que se prohibiera a los niños ir allá.

Todos asentían y decían que tenía razón.

Les habló también de buscar otra tienda donde ir a comprar, una donde el propietario se preocupara más por el bienestar de la comunidad. Pero no habló directamente de lo que los Wallaces le habían hecho al señor Berry, pues, como nos explicó más tarde, eso era algo que fluctuaba entre lo sabido y lo no sabido y no era prudente mencionarlo a nadie fuera de las personas de la mayor intimidad. Había muchos oídos que escuchaban para otros, y demasiadas lenguas que chismorreaban más de la cuenta.

La gente se mostraba de acuerdo. Cuando llegamos a la granja de Turner, el papá de Moe, que era viudo, se frotó la barba sin afeitar y miró a mi mamá:

—Señora Logan —le dijo—, yo pienso lo mismo que usted acerca de esos bellacos de los Wallaces, pero no es fácil dejar de comprar en su tienda. Me recargan los precios y tengo que pagarles altos intereses, pero allí me dan crédito porque el señor Montier me sirve de fiador. Usted conoce a toda la gente de por aquí, todos los aparceros en las tierras de Montier, Granger y Harrison, y casi todos tienen que hacer sus compras en la tienda de Wallace o en La Mercantil en Strawberry, que es más o menos lo mismo. No podemos ir a otra parte.

Mi mamá asintió solemnemente, indicando que comprendía, y en seguida dijo:

—Desde hace un año en mi familia hemos estado haciendo las compras en Vicksburg. Allí hay tiendas y hemos encontrado varias donde nos tratan bien.

—¿Vicksburg? —repitió el señor Turner sacudiendo la cabeza—. Por Dios, señora Logan, ¡no espera usted que yo vaya hasta Vicksburg! Ese es un viaje de dos días, entre ida y regreso.

Mi mamá lo pensó un momento.

—¿Y qué tal que alguien hiciera el viaje para usted? ¿Alguien que fuera a Vicksburg y le trajera todo lo que usted necesita?

—No serviría de nada. Yo no tengo dinero efectivo. El señor Montier me sirve de fiador con los Wallaces y así puedo conseguir la herramienta, la mula, la semilla, el abono, la comida y las pocas prendas de ropa que necesito para que mis hijos no anden en cueros. Cuando llega la época de cosecha ellos venden mi algodón, toman la mitad, se pagan de lo que les debo en la tienda más los intereses por el crédito, luego me cobran diez o quince por ciento más para cubrir el «riesgo» del fiador. Este año me quedaron como doscientos dólares después de que el señor Montier cogió su mitad del dinero de la cosecha, pero no he visto ni un centavo de esa suma. La verdad, si salgo en paz sin quedarle debiendo nada a ese hombre, pensaré que el año ha sido bueno. ¿En Vicksburg quién le va a abrir crédito a un hombre como yo?

Mi mamá se quedó callada.

—Lo siento mucho, señora Logan. No permitiré que mis hijos vayan a esa tienda, pero yo tengo que vivir. Ustedes están mejor que casi todos los demás de por aquí porque tienen su casa propia y no se tienen que doblegar a todas estas cosas. Pero tienen que comprender que no es fácil para nosotros, que somos aparceros, hacer lo que ustedes nos piden.

—Señor Turner —le dijo mi Mamá casi al oído— si alguien le sirviera de fiador, ¿compraría entonces en Vicksburg?

—¿Quién me podría servir de fiador? —dijo él dudoso.

—Pero supongamos que lo fían...

El señor Turner clavó los ojos en la hoguera, que ardía con fuego bajo, se levantó y echó otro leño para revivirlo y dilató su respuesta mientras las llamas prendían en el leño. Sin volver a mirar, dijo:

—Cuando yo era niño sufrí una quemadura muy seria. Sané, pero nunca he olvidado el dolor... Es una manera horrible de morir... Señora Logan, si usted consigue quién me sirva de fiador, lo estudiaré muy seriamente —terminó volviéndose hacia ella.

Cuando salimos de la casa de Turner, Stacey preguntó:

—Mamá, ¿a quién vas a conseguir para que le sirva de fiador?

Pero mi mamá, con las cejas muy juntas, no contestó. Yo iba a repetir la pregunta pero Stacey me hizo señas para que guardara silencio, así que me acomodé bien y me quedé dormida.

V

La hinchazón amoratada que le decoraba el ojo izquierdo desde hacía más de una semana ya casi había desaparecido del todo, cuando una mañana Timoteo se subió a la parte de atrás del carro y se acomodó al lado de Stacey en un rincón no ocupado por la mantequilla, la leche y los huevos que Mamá Grande llevaba a vender al mercado de Strawberry. Yo iba en el pescante con ella, todavía deslumbrada y sin poder creer que realmente me llevaban.

Todos los segundos sábados del mes eran días de mercado en el pueblo y mis hermanos y yo desde hacía mucho tiempo veníamos rogándole a Mamá Grande que nos llevara. Stacey sí había ido una vez, pero a Juan Cristóbal, al Chico y a mí nos había negado de plano la experiencia. En efecto, tantas veces nos la había negado que nuestra porfía era ya más cuestión de hábito que esperanza real de que nos llevara. Pero aquella mañana, cuando el día todavía estaba negro, Mamá Grande me llamó:

—Cassie, niña, levántate si vas a ir al pueblo conmigo, y no hagas ruido. Si despiertas a Juan Cristóbal o al Chico, te quedas. No quiero oírlos llorar porque no los llevamos.

Cuando la mula llevó el carro al camino, Mamá Grande tiró de las riendas con fuerza diciendo:

—Poco a poco, animal, poco a poco. No puedo aguantarme al mismo tiempo tus necedades y las de Timoteo.

—¿Timoteo va también? —exclamamos Stacey y yo.

Empeñada en una prueba de voluntades con la mula, tardó un poco en contestar, pero al fin su voluntad se impuso y la mula tomó un trotecillo moderado. Entonces Mamá Grande repuso malhumorada:

—El señor Avery pasó por aquí anoche cuando ya todos dormían y me rogó que llevara a Timoteo a Strawberry para que le comprara unas cosas que no pudo conseguir en la tienda de Wallace. Lo único que me faltaba, con todo lo que está pasando, era tener que aguantarme la charla de ese chico por veintidós millas.

No necesitaba decir más. Por cierto que Timoteo no era su favorito, y estaba claro que Stacey y yo debíamos nuestra buena fortuna enteramente a la repelente personalidad de Timoteo.

Este último, empero, se mostró sorprendentemente discreto cuando subió al carro; supongo que a las tres y treinta de la mañana hasta la boca de Timoteo estaba cansada. Pero cuando amaneció, cuando el sol de diciembre empezó a subir cauteloso del horizonte derramando una luz mate por el bosque, ya estaba totalmente despierto y hablando hasta por los codos. Su cháchara interminable me hacía desear que no se hubiera vuelto a ganar tan pronto la amistad de Stacey, pero Mamá Grande, con el rostro arrugado en pensamientos distantes, no lo mandó callar. Habló todo el resto del camino y cuando llegamos al pueblo dijo:

—Bueno, niños, abran los ojos que estamos en Strawberry, Mississippi.

—¿Esto es? —dije yo con profunda desilusión cuando entrábamos al pueblo. Strawberry estaba muy lejos de ser la vigorosa, desparramada grandeza con que yo había soñado. Era por el contrario un lugar triste, rojo. Hasta donde yo podía ver, las únicas cosas modernas eran el camino pavimentado que pasaba por el centro y huía hacia el Norte, alejándose, y una fila de cables eléctricos. A los lados del camino había franjas de tierra colorada salpicada de parches de hierba pardusca y baches ya casi secos de barro, y más allá de la tierra y de los baches, sombríos edificios de tiendas tras corredores elevados de tablas y porches desvencijados.

—¡Caray! —refunfuñé—, no es nada del otro mundo.

—Cállate, Cassie —dijo Mamá Grande—. Y tú también, Timoteo. Estamos en el pueblo y espero que todos se porten bien. Dentro de una hora esto va a estar lleno de gente de toda la comarca y no quiero problemas.

A las tiendas seguían casas, todavía dormidas, y entramos por un callejón de tierra que pasaba por más tiendas y llevaba a un campo abierto, lleno de casetas de madera. Cerca de la entrada ya se habían estacionado algunos carros de granja y camiones, pero Mamá Grande siguió hasta el otro lado del campo, donde no había sino dos carros. Al descender del pescante dijo:

—No parece que se nos haya adelantado mucha gente. En verano habría tenido que venir desde el viernes y pasar la noche aquí para conseguir un puesto como éste. Stacey, tú y Timoteo no se bajen todavía; primero empujen esas vasijas de leche hasta el borde para que yo las pueda alcanzar —agregó yendo a la zaga del carro.

—Mamá Grande, ¿toda la gente que viene vende también leche y huevos? —le pregunté yendo a su lado.

—No todos. Unos traen carne y hortalizas,

mantas y costura y cosas así. Pero creo que unos cuantos venden lo mismo que nosotros.

Mientras ella arreglaba las vasijas de leche y los canastos de huevos cerca al borde del carro, yo estudié los carros estacionados a la entrada del campo y exclamé:

—¡Entonces qué estamos haciendo acá atrás! Aquí nadie nos ve.

—Cuidado con lo que dices, niña —repuso—. No nos irá mal. Yo tengo mis clientes fijos y ellos me buscan a ver si he venido, antes de comprar.

Mamá Grande sabría lo que hacía, pero sus razones no me convencían. Me parecía que otros granjeros habían escogido sitios mejores y no pude menos de tratar de hacerle ver que era mejor negocio llevar el carro más adelante.

—Acá atrás no vendrá nadie. Llevemos el carro allá, donde están los demás, Mamá Grande. Hay suficiente espacio y vendemos más.

—Esos carros son de blancos, Cassie —replicó con aspereza y como si eso lo explicara todo—. Ahora, cállate y ayúdame a bajar esto.

—Caray —murmuré recibiendo uno de los cubos que me pasaba Stacey—. Antes de que una persona llegue hasta acá le salen juanetes en las plantas y callos en los dedos.

Hacia mediodía las multitudes que habían atestado el campo desde por la mañana habían mermado notoriamente, y carros y camiones empezaban a empacar para regresar al pueblo. Después de tomar una merienda fría de salchichas y pan de maíz, remojado con leche, nosotros hicimos lo mismo.

Una vez más en la calle principal de Strawberry, Mamá Grande detuvo el carro frente a un edificio que ostentaba cuatro rótulos colgados de un poste oxidado. Uno de ellos decía: «Wade W. Jamison, Abogado».

—¿Aquí vive el señor Jamison? Quiero verlo —grité saltando al suelo.

—No vive aquí. Esta es su oficina y yo tengo que hablarle de un negocio. Tú vuelve a subir al carro —dijo Mamá Grande, que había sacado de su bolso un largo sobre amarillo cuyo contenido examinó y volvió a guardar cuidadosamente. Descendió del pescante, pero yo no volví a subir.

—¿No puedo entrar a saludarlo?

—Si me sigues fastidiando te voy a dar una... ¡Anda! Todos me esperan aquí y apenas salga iremos a hacer las compras para poder regresar a casa antes de que caiga la noche.

Entró en el edificio. Entonces Timoteo dijo:

—¿Para qué quieres ir a ver a ese viejo blanco, Cassie? ¿Qué tienes que hablar con él?

—Pues quería verlo, porque sí —repliqué yendo a sentarme en un escalón de la elevada acera. Me gustaba el señor Jamison y no tenía por qué ocultarlo. Pasaba a vernos varias veces al año, casi siempre por cuestión de negocios, y aunque mis hermanos y yo éramos un poco tímidos con él, siempre nos complacía verlo. Era el único blanco a quien oí tratar a mi mamá y a Mamá Grande de «señora», y por eso me gustaba. Además, se parecía a mi papá, a su manera: cuando se le preguntaba una cosa, contestaba directamente, sin enredar ni darle vueltas al asunto. Eso me gustaba.

Después de contemplar unos minutos a los granjeros de trajes de trabajo desteñidos y a sus mujeres con vestidos de corte de saco de harina que paseaban bajo los soportales, Timoteo nos dijo:

—Les propongo que vayamos a La Mercantil y echamos un vistazo.

Stacey vaciló.

—No sé. Creo que Mamá Grande quería ir con nosotros.

—Vamos, hombre, le hacemos un favor. Si vamos ahora a La Mercantil y pedimos nuestras cosas, le economizamos tiempo y cuando salga de ver al abogado ese, podemos irnos a casa. Además, quiero mostrarte una cosa.

Stacey consideró largo rato la propuesta. Al fin dijo:

—Está bien; vamos.

—Mamá Grande dijo que la esperáramos aquí —objeté yo, con la esperanza de que el señor Jamison saliera con mi abuelita.

—Quédate tú si quieres —repuso Stacey cruzando la calle con Timoteo.

Me lancé tras ellos. Yo no me iba a quedar allí sola sentada en la acera.

La Mercantil Barnett tenía de todo. En los anaqueles, mostradores y demás espacios del piso se encontraban desde cintas para las señoras hasta sacos de arpillera para semillas; desde biberones para los nenes hasta estufas panzudas nuevecitas. Timoteo, que ya conocía la tienda por haberla visitado varias veces antes, fue pasando por entre los granjeros y nos condujo al fondo de la pieza. Allí había un mostrador con tapa de vidrio, y debajo del vidrio se veían revólveres y pistolas artísticamente exhibidos sobre un paño de terciopelo encarnado.

—Mírala —dijo Timoteo embobado—. ¿No es una belleza?

—¿Qué? —pregunté yo.

—Esa de mango de madreperla. Stacey, hombre, ¿habías visto en tu vida una pistola como ésa? Yo doy la vida por ella. Un día de éstos será mía.

—Confieso que no —repuso cortésmente Stacey—. No hay duda de que es una bonita pistola.

Yo la observé. La etiqueta con el precio de $35.95 me saltó a la vista.

—¡Treinta y cinco dólares con noventa y cinco centavos! —dije casi a gritos—. ¿Por una pistola?

¿Para qué demonios la quieres? Con eso no se puede cazar.

—No es para cazar. Es para protección —replicó Timoteo desdeñoso.

—¿Protección de qué? Con eso no se mata ni una culebra cascabel —insistí yo, pensando en la escopeta de mi papá que colgaba sobre su cama y el lindo rifle Winchester que Mamá Grande mantenía bajo llave en su baúl debajo de nuestra cama.

—Hay otras cosas de las que un hombre tiene que protegerse fuera de una culebra cascabel —replicó con altanería—. Cuando yo tenga esa pistola, nadie se va a meter conmigo. No voy a necesitar de nadie.

Stacey se retiró del mostrador. Parecía nervioso por estar en la tienda.

—Vamos a conseguir las cosas que necesitas y nos salimos de aquí antes de que Mamá Grande venga a buscarnos.

—Ah, hombre, hay tiempo de sobra —dijo Timoteo mirando amorosamente la pistola—. Si la pudiera tener en mi mano, aunque fuera una sola vez.

—Anda, Timoteo —ordenó Stacey—, o si no, Cassie y yo nos vamos.

—Bueno, bueno.

Timoteo se alejó de mala gana y se dirigió a otro mostrador, donde un hombre pesaba clavos en una balanza. Esperamos pacientemente detrás de las personas que nos precedían, y cuando nos llegó el turno, Timoteo le pasó su lista, diciéndole:

—Señor Barnett, aquí tengo esta lista de cosas que quiere mi mamá.

El tendero examinó la lista y preguntó sin levantar la vista:

—¿Ustedes son aparceros del señor Granger?

—Sí, señor.

El señor Barnett fue a otro mostrador y empezó a escoger los artículos del pedido, pero antes de que terminara, llegó una mujer blanca y dijo:

—Señor Barnett, ¿está usted atendiendo a alguien en este momento?

—A ésos, no más. ¿En qué le puedo servir, señora Emalina? —repuso el aludido volviéndose y señalándonos con un ademán de la mano. La mujer le pasó una lista el doble de larga que la de Timoteo y el tendero, sin darnos a nosotros ni la más leve excusa, procedió a despacharla.

—¿Qué está haciendo? —protesté yo.

—Cállate, Cassie —dijo Stacey muy inquieto y avergonzado. El rostro de Timoteo permaneció absolutamente impasible, como si nada hubiera ocurrido.

Cuando al fin acabó de despachar el pedido de la mujer, el señor Barnett volvió a tomar la lista de Timoteo, pero antes de que hubiera llegado al siguiente artículo, lo llamó su esposa diciéndole:

—Jim Lee, a estos señores no hay quién los atienda y yo estoy ocupada.

Y como si nosotros no existiéramos, se fue allá.

—¿A dónde va? —exclamé yo.

—Ya vendrá —dijo Timoteo alejándose.

Después de esperar varios minutos a que volviera el señor Barnett, Stacey dijo:

—Ven, Cassie, vámonos de aquí.

Se dirigió a la puerta y yo lo seguí. Pero al pasar por uno de los mostradores alcancé a ver al señor Barnett envolviendo unas chuletas de cerdo para una niña blanca. Una cosa eran los adultos, que eran los que daban la ley en el mundo y no había nada que hacer. Eso yo lo entendía; pero otra cosa era una mocosa no mayor que yo. Seguramente el señor Barnett se había olvidado del pedido de Timoteo. Resolví recordárselo y sin decirle nada a Stacey me volví y me acerqué al señor Barnett. Con el mayor respeto posible dije:

—Eh... perdón, señor Barnett, tal vez usted lo olvidó, pero nos estaba atendiendo a nosotros antes que a esta niña, y hace un buen rato que esperábamos a que volviera.

La niña me miró sorprendida pero él no levantó la cabeza sino que siguió envolviendo las chuletas, como si no me hubiera oído. Yo estaba al extremo del mostrador, así que lo que hice fue pasar al otro lado y le tiré de la manga de la camisa para llamarle la atención. Saltó como si le hubiera pegado.

—Nos estaba atendiendo a nosotros —dije retirándome otra vez al frente del mostrador.

—Pues sal de aquí, negra, y espera otro rato —dijo en tono amenazador. Yo estaba furiosa. Le había hablado de la manera más cortés posible y me contestaba de ese modo.

—Nos ha tenido esperando como una hora —le dije—, mientras atiende a todos los demás. No es justo. No tiene derecho...

—¿De quién es esta negrita? —bramó el señor Barnett. Toda la gente que estaba en la tienda se volvió a mirarme.

—¡Yo no soy la negrita de nadie! —grité furiosa y humillada—, y usted no debe atender a todo el mundo antes que a nosotros.

—Cállate, niña, cállate —me susurró una voz detrás de mí. Volví a mirar. Una mujer que había estacionado su carro al lado del nuestro en el mercado estaba a mi lado. El señor Barnett, con el rostro congestionado y los ojos saltados, inmediatamente la emprendió con ella:

—¿Esta chica es suya, Hazel?

—No, señor —contestó la mujer acobardada, alejándose rápidamente para que vieran que no tenía nada que ver conmigo. En eso apareció Stacey y me tomó de la mano:

—Ven, Cassie, salgamos de aquí.

—¡Stacey! —exclamé, aliviada de verlo a mi

140

lado—. Díselo tú. No es justo que nos haga esperar.

—¿Es hermana tuya, muchacho? —gruño el señor Barnett desde el otro lado del mostrador.

Stacey se mordió los labios y miró al señor Barnett a la cara.

—Sí, señor.

—Pues llévatela, y que nunca vuelva a aparecer por aquí hasta que su mamá le enseñe lo que es —dijo el tendero con una mirada llena de odio.

—Yo ya sé lo que soy —repliqué—. Usted es el que no sabe lo que es. Y yo se lo puedo decir, viejo...

Stacey me tiró lastimándome la mano y susurró con enfado:

—¡Cállate, Cassie!

Sus ojos negros despedían un brillo malévolo mientras me empujaba delante de él a través de la gente. Cuando salimos afuera me solté.

—¿Qué te pasa? Tú sabes que no es justo.

Stacey tragó saliva para dominar su enfado y dijo roncamente:

—Ya lo sé y tú lo sabes, pero él no, y eso es lo malo. Vámonos antes de que nos metas a todos en un lío. Yo voy a la oficina del señor Jamison a ver por qué Mamá Grande tarda tanto.

—¿No esperamos a Timoteo?

Stacey dijo con sorna:

—No te preocupes por Timoteo. El sabe perfectamente cómo actuar.

141

En seguida cruzó la calle, con el ceño adusto y las manos metidas en los bolsillos. Yo me quedé mirándolo, pero no lo seguí. Avancé unos pasos por la acera tratando de entender por qué el señor Barnett se había comportado en esa forma. Más de una vez me detuve, mirando en dirección a La Mercantil. Pensé regresar para averiguarlo, y en efecto estuve a punto de regresar, pero recordé lo que el tendero había dicho acerca de que nunca más apareciera por allá. Entonces me volví y seguí mi camino con la cabeza baja y pateando la acera.

Fue entonces cuando choqué con Lillian Jean Simms, que iba acompañada por Jeremy y otros dos hermanos menores.

—¿Por qué no te fijas por dónde andas? —dijo con grosería.

—Hola, Cassie —dijo Jeremy.

—Hola, Jeremy —contesté solemnemente sin quitarle los ojos a Lillian Jean.

—Pues dame excusas —me ordenó ésta.

—¿Qué?

—Tú me chocaste. Tienes que darme excusas —repitió.

Yo no tenía ganas de discutir con Lillian Jean; otras cosas me preocupaban, así que dije:

—Está bien; lo siento mucho —y quise seguir adelante, pero ella me atajó:

—Eso no es suficiente. Bájate de la acera.

—¿Estás loca?

—Si no puedes ver por dónde andas, negra cochina, bájate a la calle para que no andes tropezando con la gente blanca decente.

Este segundo insulto del día era más de lo que yo podía aguantar. Sólo porque pensé en Mamá Grande que estaba con el señor Jamison se salvó el labio de Lillian Jean. Dominándome lo mejor que pude contesté:

—Yo no soy cochina, y si tienes tanto miedo de que te tropiecen, bájate tú a la calle.

Quise pasar adelante, pero otra vez me estorbó el paso. Jeremy dijo:

—Déjala pasar, Lillian Jean; ella no te ha hecho nada.

—Sí me ha hecho. Aquí está enfrente de mí.

Con esto, me agarró del brazo y trató de empujarme a la calle. Yo me resistí, echando atrás el brazo, pero alguien me lo agarró por detrás, me lo retorció brutalmente y me lanzó de la acera a la calle, donde caí sentada.

Era el señor Simms, que me miraba con desprecio.

—Cuando mi niña Lillian Jean te manda que te bajes de la acera, te bajas. ¿Entiendes? —me dijo.

Detrás de él venían sus hijos Roberto y Melvin. Los parroquianos de la tienda empezaron a rodear al señor Simms. Alguien dijo:

—¿No es ésa la negra que estuvo insolente con Jim Lee?

—Sí, es la misma —repuso el señor Simms—. ¿No me has oído, tú? Dale excusas a la señorita Lillian Jean, inmediatamente.

Yo lo miré aterrada. Jeremy también parecía asustado.

—Ya... ya le di excusas.

—Sí, ya le dio excusas, papá —interpuso Jeremy—, hace un momento, antes de que tú llegaras.

El hombre lo miró furioso, Jeremy se calló, me echó a mí una mirada y bajó la cabeza. El señor Simms bajó a la calle. Yo traté de pararme para ponerme a salvo. Era un hombre de mala catadura, de cara colorada y barbudo. Pensé que me iba a pegar antes de que lograra levantarme, pero no me pegó. Yo me paré y corrí ciegamente hacia el carro. Alguien me agarró y yo hice esfuerzos desesperados por zafarme, pero era Mamá Grande que me decía:

—Cassie, niña, si soy yo. Estate quieta. Ahora nos vamos a casa.

—No se van sin que primero le dé excusas a mi niña —declaró el señor Simms.

Mamá Grande tenía miedo. Me miró a mí primero, luego a la multitud que aumentaba.

—Es una niña...

—Mándaselo, tía.

Temblándole la voz, mi abuela me miró otra vez y ordenó:

—Anda, niña... dale excusas.

—Pero, Mamá Grande...

—Haz lo que te mando.

—Lo siento mucho —murmuré.

—«Lo siento mucho, señorita Lillian Jean» —exigió el señor Simms.

Yo me resistí:

—¡Mamá Grande!

—Dilo, niña.

Una lágrima de dolor rodó por mi mejilla y los labios me temblaron.

—Lo siento mucho... se-señorita... Lillian Jean.

Dichas estas palabras, huí llorando a esconderme en la zaga del carro. Ningún día de mi vida había sido tan cruel como éste.

VI

El viaje de regreso fue largo y silencioso. Nadie tenía ganas de hablar, ni siquiera Timoteo. Mamá Grande le había informado antes de salir de Strawberry que no quería oír ni una palabra de él antes de que llegáramos a casa. Estuvo un buen rato enfurruñado, emitiendo unos pocos gruñidos audibles a los cuales nadie ponía atención, pero al fin se quedó dormido y no se volvió a despertar hasta que ya habíamos pasado el camino de Granger y paramos frente a la casa de los Averys.

Cuando la mula nos dejó en nuestro propio patio, ya había cerrado la noche y olía a lluvia cercana. Mamá Grande descendió cansada del carro y entró en la casa sin decir una palabra. Yo me quedé con Stacey para ayudarle a meter el carro en el establo y desenganchar la mula. Mientras yo sostenía la linterna a la entrada del establo, Stacey corrió lentamente la tabla que mantenía cerradas las puertas.

—Cassie —me dijo en tono suave—, no le tengas rencor a Mamá Grande por lo que hizo.

—¿Por qué no? —repliqué enfadada—. Me obligó a darle excusas a esa feucha de Lillian Jean por algo de lo cual yo ni siquiera tuve la culpa. Se puso de parte de los Simms sin siquiera oírme a mí.

—Tal vez no podía hacer otra cosa, Cassie. Tenía que obligarte.

—¿Cómo es eso de que tenía que obligarme? Nada de eso. Es una persona grande como el señor Simms y debió ponerse de mi parte. Yo no la habría tratado a ella así.

Stacey puso la tabla en el suelo y se recostó sobre el establo.

—Hay cosas que tú no entiendes, Cassie.

—Y tú sí, ¿eh? ¡Desde que fuiste a Louisiana el verano pasado a llamar a mi papá te crees que te lo sabes todo! Te apuesto a que si hubiera sido mi papá, él no me habría obligado a dar excusas. El me habría oído.

Stacey suspiró y abrió las puertas del establo.

—Mi papá... eso es otra cosa. Pero Mamá Grande no es mi papá y tú no puedes esperar...

Se interrumpió y trató de descubrir algo en la oscuridad del establo. De pronto dio un grito:

—Cassie, dame la linterna.

Me la arrebató antes de que yo pudiera protestar e iluminó el interior del establo.

—¿Qué hace el automóvil del señor Granger en nuestro establo? —exclamé yo, viendo el Packard plateado a la luz de la linterna. Stacey, sin contestarme, corrió hacia la casa. Yo lo seguí de cerca. Abriendo la puerta de la pieza de mi mamá, nos quedamos pasmados: el que estaba allí, cerca de la chimenea, no era el señor Granger sino un hombre alto y bien parecido, elegante con su traje gris de rayas y chaleco, que estrechaba en sus brazos a Mamá Grande. Por un instante tambaleamos de emoción y en seguida ambos nos lanzamos a abrazarlo gritando:

—¡Tío Hammer!

El tío Hammer era dos años mayor que mi papá, soltero, y venía todos los años a pasar con nosotros la temporada de Navidad. Lo mismo que mi padre, tenía la piel rojiza oscura, el rostro de quijadas angulosas y pómulos salientes; pero había entre los dos una diferencia muy grande. Sus ojos, que mostraban un gran cariño cuando nos abrazaba y nos besaba, como lo hacía en ese momento, tenían a veces una mirada fría y distante; y todo él tenía cierto aire de reserva que mis hermanos y yo nunca logramos traspasar.

Después de los saludos, Stacey y yo volvimos

a nuestra cortedad y nos alejamos un poco. Yo me senté al lado de Juan Cristóbal y el Chico que no hacían más que mirar al tío en silencio; pero Stacey tartamudeó:

—¿Por qué está en el establo el coche del señor Granger?

—Ese es el auto del tío Hammer —dijo mi mamá—. ¿Desengancharon la mula?

—¿Del tío Hammer? —exclamó Stacey.

—Hammer, ¿fuiste y te compraste un auto igual al de Harlan Granger? —dijo Mamá Grande; y el tío Hammer, con una sonrisa socarrona, contestó:

—No es exactamente igual, mamá. El mío es unos pocos meses más nuevo. El año pasado cuando estuve aquí me impresionó ese gran Packard del señor Harlan Filmore Granger y pensé que yo debía tener uno igual. Parece que Harlan Granger y yo tenemos el mismo gusto... ¿No te parece, Stacey? —agregó guiñándole a éste el ojo. Stacey sonrió—. Si quieren —dijo el tío— un día vamos a dar un paseo. Si su mamá les da permiso.

—¡Viva! —gritó el Chico.

—¿De verdad, tío Hammer? —pregunté yo—. ¿Podemos ir, mamá?

—Ya veremos —repuso mi mamá—; pero en todo caso, esta noche no. Stacey, ve a darle su pienso a la mula y de vuelta traes un cubo de agua para la cocina. Lo demás ya lo hicimos.

Como a mí nadie me dijo que le fuera a ayudar a Stacey, me olvidé de la mula y me quedé escuchando al tío Hammer. A Juan Cristóbal y al Chico, a quienes Mamá Grande suponía quejosos porque no los llevamos al pueblo, no parecía importarles que Stacey y yo sí hubiéramos ido. El tío Hammer los tenía fascinados y en comparación con su llegada, un día en Strawberry era cuestión secundaria.

Durante un rato el tío Hammer habló sólo con mi mamá y Mamá Grande, riendo desde el fondo de su corpachón como mi papá, pero, para sorpresa mía, se volvió y dirigiéndose a mí me dijo:

—Tu mamá me contó que hoy estuviste por primera vez en Strawberry, Cassie. ¿Cómo te pareció?

Mamá Grande se estremeció, pero yo me alegré de tener la oportunidad de presentar mi versión de lo ocurrido en el pueblo.

—No me gustó —contesté—; esos tales Simms...

—Mary, estoy con hambre —interrumpió abruptamente la abuela—. ¿La comida estará todavía caliente?

—Sí, señora —dijo mamá—, voy a traerla.

Se puso de pie y empecé otra vez:

—Esos tales Simms...

—Que vaya Cassie. Tú estás cansada —dijo Mamá Grande nerviosa.

—No, no importa —repuso mamá dirigiéndose a la cocina—; sigue, Cassie, cuéntale a tu tío lo que viste en Strawberry.

—La Lillian Jean me hizo poner tan brava que me dieron ganas de escupir. Reconozco que tropecé con ella, pero fue porque estaba pensando en ese viejo Barnett que atendió a todo el mundo en su tienda y a nosotros nos dejó esperando...

—¿Jim Lee Barnett? —preguntó tío Hammer volviéndose a Mamá Grande—. ¿Todavía vive ese demonio de hombre?

Mamá Grande hizo una muda señal afirmativa y yo seguí con mi cuento:

—Pero yo le dije que no tenía por qué atender primero a todos...

—¡Cassie! —exclamó Mamá Grande que por primera vez se enteraba de estos detalles. El tío Hammer soltó la risa:

—¿Le dijiste eso?

—Sí, señor —contesté sin saber por qué se reía.

—¡Muy bien hecho! ¿Y qué pasó luego?

—Stacey me sacó y el señor Barnett dijo que no podía volver nunca a su tienda y entonces me tropecé con esa odiosa Lillian Jean y me quiso hacer bajar de la acera y llegó el papá y...

Mamá Grande abrió mucho los ojos y murmuró:

—Cassie, no creo que debas...

—...¡y me torció el brazo y me tiró a la calle! —concluí yo, que no quería callar lo que hizo el señor Simms. Volví a mirar triunfante a Mamá

152

Grande pero ella no me estaba mirando a mí. Sus ojos, asustados y nerviosos, estaban fijos en el tío Hammer. Yo también me volví para mirarlo a él.

Sus ojos negros se habían contraído como angostas hendiduras de ira. Dijo:

—¿Te tiró a la calle, Cassie? ¿Un hombre grande te tiró a la calle?

—Sí, señor.

—Esa niña Lillian Jean Simms... ¿Su papá no es Charlie Simms?

—Sí, señor.

El tío Hammer me puso las manos sobre los hombros. Sus ojos me daban miedo.

—¿Qué más te hizo?

—Nada más... sino que quería que le diera excusas a Lillian Jean por no haberme bajado de la acera cuando me mandó.

—¿Y se las diste?

—Mamá Grande me dijo que tenía que dárselas.

El tío Hammer me soltó y se quedó muy callado. Nadie hablaba. Luego se levantó lentamente, con esa mirada distante de hielo que a veces adoptaba, y se dirigió a la puerta, cojeando ligeramente de la pierna izquierda. Juan Cristóbal, el Chico y yo nos quedamos mirándolo sin saber qué iba a hacer, pero Mamá Grande se levantó de un salto, haciendo caer el asiento en su premura, y corrió tras él. Lo cogió del brazo:

—¡No hagas caso, hijo! —gritó—. A la niña no le pasó nada.

—¡Que no le pasó nada! ¡Mírala a los ojos y me dices si no le pasó nada!

Mi mamá volvió de la cocina seguida de Stacey.

—¿Qué pasa? —preguntó mirando a Mamá Grande y al tío Hammer.

—Charlie Simms tiró a Cassie a la calle en Strawberry y la niña se lo acaba de contar a Hammer —dijo Mamá Grande de un solo resuello y sin soltar el brazo de su hijo.

—¡Oh, Dios mío!... Stacey, ve a llamar al señor Morrison. ¡Pronto!

Stacey salió a la carrera. Mi mamá echó un vistazo a la escopeta que estaba colgada sobre la cama y se interpuso entre ella y tío Hammer.

Este la había observado y le dijo tranquilamente:

—No te preocupes. No tengo que usar el arma de David... Tengo la mía propia.

Mi mamá se plantó de un salto en la puerta para impedir el paso con su frágil cuerpo.

—Hammer, escúchame por favor...

Pero el tío Hammer, suave pero firmemente, la apartó, se soltó de la mano de Mamá Grande, abrió la puerta y salió. Llovía ligeramente. Juan Cristóbal, el Chico y yo corrimos a la puerta mientras Mamá Grande y mi mamá lo seguían.

—Vuelvan adentro —nos alcanzó a decir mi

mamá, pero estaba muy ocupada tratando de agarrar al tío Hammer para ver si obedecíamos o no, y nosotros no nos movimos.

—Hammer, la niña está bien. ¡No vayas a buscar líos innecesarios!

—¡Líos innecesarios! ¿Para qué crees que murió mi hermano en la guerra con los alemanes y a mí me volaron media pierna? ¿Para que un tal por cual venga a maltratar a Cassie cuando se le dé la gana? Si yo hubiera maltratado a su hija, ¿sabes lo que me habría pasado? Sí, bien lo sabes. En este momento estaría colgado de ese roble. Suéltame, Mary.

Mi mamá y Mamá Grande no pudieron impedirle que llegara hasta su automóvil. Pero apenas había puesto en marcha el motor, una figura gigantesca surgió de la oscuridad y subió al otro lado. El auto salió al camino y desapareció en la noche de Mississippi.

Mi mamá subió lentamente las gradas del porche. Bajo la luz de la lámpara se veía cansada.

—¿A dónde va? —le pregunté—. Va a la casa de los Simms, ¿no?

—No va a ninguna parte —repuso, esperando a que entraran Mamá Grande y Stacey antes de cerrar la puerta.

—El señor Morrison lo trae —dijo Juan Cristóbal confiadamente, aunque él también estaba un poco confundido por lo que había pasado.

—Y si no —afirmó el Chico—, apuesto a que tío Hammer le da su buena lección al señor Simms, por haberle pegado a Cassie.

—Ojalá lo reviente —dije yo.

—Yo creo que esas boquitas que tienen tanto que hablar deben estar muy cansadas —observó mi mamá.

—No, mamá, no estamos cansados...

—A la cama todos.

—Mamá, yo no tengo sue...

La expresión de mi mamá se endureció y comprendí que no me convenía discutir; obedecí. Juan Cristóbal y el Chico hicieron lo mismo. Desde la puerta pregunté:

—¿Stacey no viene?

Mamá miró a mi hermano que estaba sentado cerca de la chimenea.

—No recuerdo que su boca haya trabajado tanto, ¿no?

—No, señora —murmuré y me fui a mi cuarto. Pocos minutos después entró mi mamá. Sin una palabra de reconvención recogió la ropa que yo había tirado al pie de la cama y colgándola distraídamente al respaldo del asiento, dijo:

—Stacey me dice que estás enojada con Mamá Grande por lo que sucedió hoy. ¿Es cierto?

—No por todo —repuse—; sólo porque me hizo darle excusas a esa Lillian Jean Simms. No me debió obligar, mamá. Mi papá no me habría...

—No quiero que me digas qué habría hecho

156

tu papá —interrumpió ella—, ni qué habría hecho el señor Morrison o el tío Hammer. Tú estabas con Mamá Grande y ella hizo lo que debía hacer, y créemelo, niña, no le gustó ni un tris más que a ti.

—Bueno, pero entonces...

—No hay ningún entonces.

—Sí, señora —dije mansamente, pensando que más valía estudiar los dibujos de la colcha de retazos hasta que desapareciera la ira de sus ojos y se le pudiera hablar otra vez. Después de un rato se sentó a la orilla de mi cama y me levantó la barbilla con el dedo:

—Mamá Grande no quería que te fueran a hacer daño —dijo—. Eso era lo único que ella buscaba... evitar que el señor Simms te hiciera daño.

—Sí, señora —murmuré, y luego estallé—: Pero mamá, esa Lillian Jean no tiene los sesos de una pulga. ¿Por qué le voy a tener que decir «señorita» como si fuera una persona grande?

—Porque así son las cosas, Cassie —repuso con voz dura.

—¿Así son las cosas?

—Nenita, hoy has aprendido un poco. Yo quisiera... Bueno, no importa lo que yo quisiera. Ya sucedió y tienes que aceptar el hecho de que en este mundo, fuera de esta casa, las cosas no son siempre como nosotros quisiéramos que fueran.

—Pero, mamá, no es justo. Yo no le hice nada

a la tal Lillian Jean. ¿Por qué el señor Simms me empujó como me empujó?

La mirada de mi madre se clavó profundamente en la mía y dijo con una voz apretada y clara:

—Porque él cree que Lillian Jean es mejor que tú, Cassie...

—¡Esa flacucha, patas-de-pollo, dientes-de-sierra, bizca...!

—Cassie.

No levantó la voz, pero el sonido de mi nombre me hizo callar.

—Escucha —prosiguió, tomándome una mano entre las dos suyas—. Yo no he dicho que Lillian Jean sea mejor que tú, sino que el señor Simms cree que es mejor. El cree también que su hija es mejor que Stacey y Juan Cristóbal y el Chico...

—¿Sólo por ser hija suya? —dije empezando a pensar que el señor Simms debía de estar un poco ido de la cabeza.

—No, nenita, sino porque es blanca.

Me apretó más la mano, pero yo exclamé:

—¡Ah! Blanco no significa nada.

—Sí es algo, Cassie, y negro también es algo. Todo el que nace en este mundo es algo, y nadie es mejor que otro, cualquiera que sea su color.

—¿Y cómo es que el señor Simms no sabe eso?

—Porque es uno de ésos que para sentirse grandes tienen que creer que los blancos son mejores que los negros.

Esto yo no lo entendí muy bien. Ella me apretó la mano y agregó:

—Escucha, Cassie, hace muchos años, cuando a nuestros abuelos los trajeron de Africa encadenados para trabajar aquí como esclavos...

—¿Como al papá y la mamá de Mamá Grande?

—Sí, nenita, como Papá Lucas y Mamá Raquel, sólo que ellos sí nacieron aquí, en Mississippi. Pero los abuelos de ellos nacieron en Africa; y cuando vinieron, había unos blancos que pensaban que nadie debía ser esclavo; y entonces los que querían esclavos para trabajar en los campos y los que ganaban dinero trayéndolos de Africa predicaban que los negros no eran realmente gente como los blancos, y que la esclavitud estaba bien. También decían que la esclavitud era buena para nosotros porque nos enseñaba a ser buenos cristianos... como los blancos. Pero no nos enseñaban cristianismo para salvar nuestras almas sino para enseñarnos a obedecer. Tenían miedo de las rebeliones de esclavos y querían que aprendiéramos la enseñanza de la Biblia, de que los esclavos deben ser fieles a sus amos. Pero el cristianismo no nos quitó el deseo de ser libres, y muchos esclavos se fugaban...

—Papá Lucas huyó —dije yo, recordando la historia de cómo mi bisabuelo se había fugado tres veces. Lo agarraron y lo castigaron por su desobediencia, pero sus amos no trataron de acabar con él porque sabía de hierbas y curas. Curaba a los otros esclavos y a los animales de la plantación, y de él era de quien Mamá Grande había aprendido muchos remedios. Mi mamá asintió:

—Así fue, querida. Cuando llegó la libertad, estaba escondido en una cueva, según me han contado. Bueno, después de un tiempo la esclavitud llegó a ser tan rentable para los dueños de esclavos, y aun para los que no tenían esclavos, que la mayoría de las personas resolvió pensar que los negros no eran en realidad gente como los demás. Y cuando vino la guerra civil[1] y Mamá Raquel, Papá Lucas y todos los demás esclavos quedaron libres, la gente siguió pensando lo mismo. Ni siquiera los norteños que pelearon en la guerra nos veían como iguales a los blancos. Ahora han pasado setenta años desde que se acabó la esclavitud, pero todavía la mayor parte de los blancos sigue pensando como pensaba antes, que nosotros no somos tan buenos como ellos, y personas como el señor Simms se aferran a esa idea más que otras personas porque no tienen otra cosa en qué afirmarse. Para él, creerse mejor que nosotros lo hace sentirse importante, simplemente porque es blanco.

Mi mamá me soltó la mano. Comprendí que

---

[1] Se refiere a la Guerra de Secesión, 1861-1865. *(N. del Ed.)*

esperaba que yo dijera algo. Yo sentí un vacío en el estómago y me pareció como si todo el mundo se hubiera vuelto al revés conmigo adentro. Después me acordé de Lillian Jean y me llené de ira.

—Pues no son mejores —dije, esperando que mi mamá estuviera de acuerdo conmigo.

—Claro que no —repuso—. Los blancos exigen nuestro respeto, pero lo que les damos no es respeto sino miedo. Lo que le damos a nuestra propia gente es mucho más importante porque lo damos libremente. Tal vez tendrás que tratar a Lillian Jean de «señorita» porque los blancos te lo mandan, pero a las jóvenes de nuestra iglesia les dices «señorita» porque de veras las respetas. Nena, no podemos escoger de qué color nacemos ni quiénes serán nuestros padres ni si nacemos ricos o pobres. Lo que sí podemos escoger es qué vamos a hacer de nuestra vida una vez que estamos aquí. Y yo le pido a Dios que tú hagas lo mejor de la tuya.

Me acarició tiernamente y me arropó bien en la cama. En seguida bajó la luz de la lámpara y yo le pregunté:

—Mamá, ¿qué será de tío Hammer? Si el señor Morrison no lo puede detener, ¿qué va a pasar?

—El señor Morrison lo traerá.

—Pero si no puede, ¿y tío Hammer encuentra al señor Simms?

Una sombra de temor le cruzó la frente, pero

desapareció con la atenuación de la lámpara. Sin contestar mi pregunta dijo:

—Me parece que ya has crecido bastante por hoy. Al tío Hammer no le va a pasar nada. Ahora, duérmete.

Mi mamá tenía razón. Cuando desperté a la mañana siguiente y me dirigí a la cocina atraída por un olorcillo de jamón frito y panecillos al horno, allí estaba tío Hammer tomando café con el señor Morrison. No se había afeitado y tenía los ojos colorados, pero estaba bien; me pregunté si el señor Simms estaría igualmente bien. No tuve tiempo de averiguarlo porque apenas había dado los buenos días, mi mamá me llamó a su cuarto, donde me esperaba una tina de agua caliente al lado de la chimenea.

—Date prisa —me dijo—; el tío Hammer nos va a llevar a la iglesia.

—¿En su automóvil?

—No estoy segura... Como que dijo que iba a enganchar la mula...

Esto lo dijo con tal aire de seriedad que a mí se me fue el alma a los talones; pero al instante vi un brillo de malicia en sus ojos, y ella soltó la risa.

—¡Ay, mamá! —reí yo también, y salté al agua.

Después del baño me fui a mi cuarto a vestirme. Cuando volví al lado de mi mamá, se estaba peinando la cabellera que le enmarcaba el rostro como un enorme halo negro. Enrolló las largas hebras en un moño grande que se hacía sobre la nuca y le metió seis fuertes alfileres. En seguida, después de dar una palmadita al moño, fue a buscar su vestido azul celeste tachonado de florecitas amarillas y blancas con abotonadura de arriba hacia abajo por el frente. Me miró:

—No te has peinado.

—No, señora. Quiero que tú me arregles mi peinado de grande.

Empezó a abotonarse la parte superior del vestido con largos dedos veloces mientras yo le abotonaba lentamente la parte de abajo. A mí me encantaba ayudarle a vestirse. Mi mamá olía siempre a sol y a jabón. Cuando estuvo en su puesto el último botón, se ciñó la diminuta cintura con un cinturón de charol azul oscuro y estuvo lista, aunque sin los zapatos. Se veía muy linda.

—¿Dónde está tu cepillo?

—Aquí lo tengo —dije tomándolo de la silla donde lo había dejado. Mi mamá se sentó en la mecedora de mi papá y yo en el tapete de cuero de venado a sus pies. Me partió el pelo de oreja a oreja en dos sectores y trenzó el delantero a un lado y el de atrás directamente en el centro. En seguida enrolló cada trenza en un moño plano contra mi cabeza. Yo tenía el pelo demasiado tupido y largo para que pudiera hacer yo misma esta operación debidamente, pero ella la hacía a la perfección. Yo pensaba que así me lucía.

Cuando terminó, corrí al espejo y volví muy sonriente. Ella me sonrió también pero mi vanidad le hizo sacudir la cabeza.

—¿Un día de éstos me peinas como tú, mamá?

—Todavía faltan unos cuantos años para eso —contestó reacomodando los cartones que metía en los zapatos para protegerse los pies del barro y la gravilla que se podían entrar por los agujeros de las suelas. Puso los zapatos en el suelo y metió dentro los pies. Así, con las suelas contra el piso y los pies de mamá dentro, nadie veía lo que ocultaba el brillante exterior de los zapatos. Pero a mí esto me hacía sentir muy mal y hubiera querido que tuviéramos bastante dinero para poderle hacer remendar los zapatos, o mejor aun, para comprarle unos nuevos.

Después del desayuno, Stacey, Juan Cristóbal, el Chico y yo esperábamos impacientes al lado del moribundo fuego matinal a mi mamá, a Mamá Grande y al tío Hammer. Este último se vestía en el cuarto de los muchachos y mi mamá estaba con Mamá Grande. Fui a asegurarme de que ninguno de ellos fuera a aparecer, y le dije a Stacey al oído:

—¿Tú crees que tío Hammer le pegó al señor Simms?

—No —contestó en voz baja.

—¡No! —gritó el Chico.

—Entonces... ¿el señor Simms le pegó a tío Hammer? —preguntó Juan Cristóbal.

—No pasó nada —dijo Stacey por toda explicación, tirando irritado del cuello de la camisa.

—¿Nada? —repetí yo, desilusionada.

—Nada.

—¿Cómo lo sabes? —preguntó el Chico.

—Mi mamá me dijo. Se lo pregunté esta mañana.

—Algo tuvo que suceder —dije yo—. Tío Hammer y el señor Morrison parece que ni se hubieran acostado. ¿Por qué están así si no pasó nada?

—Mi mamá dice que el señor Morrison le habló toda la noche a tío Hammer. Lo cansó y no lo dejó ir a la casa de los Simms.

—¡Diablos! —exclamé yo, viendo desvanecerse mis esperanzas de venganza contra los Simms, mientras hablaba Stacey. Puse los codos sobre las rodillas, apoyé la cara en las manos y me quedé contemplando las ascuas en la chimenea. Se me hizo un nudo en la garganta y me pareció que mi cuerpo no era bastante grande para contener la frustración que sentía, ni bastante hondo para ahogar la cólera que me invadía.

—Eso no es justo —dijo Juan Cristóbal simpatizando conmigo y dándome unas palmaditas con su mano regordeta.

—Claro que no —confirmó el Chico.

—Cassie —dijo Stacey suavemente. Yo no lo miré, pensando que diría lo que tenía que decir.

Pero no fue así, de modo que me volví hacia él. Se había inclinado hacia adelante como para revelar un secreto y automáticamente Juan Cristóbal y el Chico lo imitaron. Habló en voz muy baja:

—Más bien alégrense todos de que no pasó nada. Porque anoche Mamá Grande le estaba diciendo a mi mamá que si el señor Morrison no detenía a tío Hammer, tal vez mataban a tío Hammer.

—¡Matarlo! —exclamamos todos mientras el fuego chisporroteaba y se extinguía.

—¿Quién lo iba a matar? —pregunté yo—. ¿Uno de esos Simms?

Stacey iba a contestar, pero en eso entraron mamá y Mamá Grande, y él nos hizo señas de que nos calláramos.

Cuando se nos unió tío Hammer, ya bien afeitado y con otro traje, mis hermanos y yo nos pusimos los abrigos y nos dirigimos a la puerta.

El tío nos detuvo.

—Stacey, ¿ésa es la única chaqueta que tienes, hijo? —preguntó.

Stacey se miró la desteñida chaqueta de algodón. Todos los demás hicimos lo mismo. Era notorio que le quedaba pequeña, y comparada con las del Chico y Juan Cristóbal y la mía, estaba sin duda en mal estado. Pero nos sorprendió que hiciera esa pregunta pues muy bien sabía, como lo sabía todo el mundo, que mi mamá nos tenía que comprar la ropa por turnos, lo cual significaba que cada uno tenía que esperar a que le llegara el suyo para tener una prenda nueva. Stacey miró primero a mi mamá, luego a tío Hammer, y contestó:

—Sí, señor.

—Quítatela —le ordenó él, y antes de que mi hermano pudiera preguntar por qué, tío Hammer desapareció en el cuarto de los muchachos.

Otra vez Stacey miró a mi mamá.

—Haz lo que él te dice —dijo ella.

Tío Hammer volvió con una caja larga, envuelta en papel de Navidad y con un lazo verde. Le dio el paquete a Stacey.

—Era tu regalo de Navidad, pero mejor te lo doy desde ahora. Está haciendo mucho frío afuera.

Cuidadosamente, Stacey tomó la caja y la abrió.

—¡Una chaqueta! —gritó el Chico feliz, aplaudiendo.

—Y de lana —anotó mi mamá con reverencia—. Pruébatela, Stacey.

Mi hermano se la puso inmediatamente. Le quedaba muy grande, pero mi mamá dijo que ella le podía alforzar un poco las mangas y que en un año le quedaría bien. Stacey sonrió a la chaqueta, luego a tío Hammer. Un año antes se habría lanzado a abrazarlo para darle las gracias, pero ahora, a la varonil edad de doce años, estiró la mano y tío Hammer se la estrechó.

—Vamos saliendo —dijo mi mamá.

La mañana estaba gris cuando salimos, pero ya había escampado. Por el caminito empedrado nos dirigimos al establo, teniendo cuidado de no ir a pisar en el barro, y subimos al Packard que brillaba de limpio después de una lavada que le habían dado tío Hammer y el señor Morrison después del desayuno. En el interior del coche el mundo era un lujo de color vino tinto. Mis hermanos y yo, en el asiento trasero, pasábamos las manos sobre el rico terciopelo del asiento, palpábamos suavemente las manijas de fantasía de las portezuelas y los botones de las ventanillas, y contemplábamos con asombro la mullida alfombra que asomaba por los bordes de los tapetitos de caucho. El señor Morrison, que no era hombre de ir a la iglesia, nos despidió desde el establo.

Cuando llegamos a los terrenos de la escuela y estacionamos, la multitud congregada frente a la iglesia se quedó mirando el Packard.

Mi tío descendió y entonces alguien exclamó:

—¡Hola, hola! ¡Si es nuestro Hammer! ¡Hammer Logan!

Y todos se arremolinaron en torno de nosotros. Timoteo corrió con Moe Turner y Willie Wiggins a admirar el automóvil.

—Es de tío Hammer —dijo Stacey muy orgulloso.

Pero sin dejar que los muchachos saciaran su curiosidad, mi mamá y Mamá Grande nos arriaron a la iglesia para asistir al servicio. En ese momento Timoteo observó la chaqueta nueva de Stacey.

—Se la regaló tío Hammer —dije yo—. Linda, ¿no?

Timoteo le pasó la mano por las solapas y se encogió de hombros.

—Sí... si a uno le gustan esas cosas.

Yo me llené de indignación por ese desprecio con que lo decía:

—¡Pues para que lo sepas, es la chaqueta más preciosa que has visto en tu vida!

—Sí, claro... si a uno le gusta verse como un predicador barrigudo.

El y Willie y Moe se fueron riéndose. Stacey miró su chaqueta, con esas mangas demasiado largas y esos hombros demasiado holgados. Su sonrisa se esfumó.

—No sabe lo que dice —apunté yo—. Es pura envidia.

—Ya lo sé —dijo Stacey contrariado.

Cuando estábamos entrando a sentarnos en un banco delante de Timoteo, éste murmuró:

—Aquí viene el predicador —e inclinándose hacia adelante dijo con malicia—: ¿Cómo está usted, reverendo Logan?

Stacey se volvió hacia él, pero yo le di un fuerte codazo:

—Mamá está mirando —le dije al oído, y miró otra vez al frente.

Después del servicio, Timoteo y otros se acercaron a mirar el automóvil, embelesados. Mi mamá dijo:

—Stacey, seguro que a Timoteo le gustaría dar un paseo.

—No, mamá —me apresuré a decir yo—. El tiene algo que hacer.

Y para no sentirme culpable de haber dicho una mentira, agregué entre dientes:

—Tiene que irse a pie a su casa como todo el mundo.

—Que le sirva de lección —murmuró el Chico.

—Sí —convino Juan Cristóbal.

Pero Stacey permaneció malhumorado junto a la ventanilla, sin decir nada.

Había salido el sol y tío Hammer propuso que diéramos un paseo de verdad antes de regresar a casa. Nos llevó todas las veintidós millas hasta Strawberry por el camino de Jackson, uno de los dos que conducían al pueblo; pero mi mamá y Mamá Grande se opusieron de tal manera a que atravesáramos a Strawberry, que dio la vuelta y dirigió el gran coche hacia nuestra casa por el viejo Soldiers Road, o «camino de los soldados», así llamado porque existía la tradición de que por allí habían pasado las fuerzas rebeldes y habían cruzado el puente para impedir que el pueblo cayera en manos del ejército yanqui;

pero yo tenía mis dudas sobre esta historia, pues quién que estuviera en sus cabales iba a querer apoderarse de Strawberry... ¿o defenderla?

El camino subía y bajaba y tenía muchas curvas. Piedras sueltas golpeaban el automóvil por debajo y nubes de polvo se arremolinaban a nuestro paso. El Chico, Juan Cristóbal y yo gritábamos de emoción cada vez que el coche subía una colina y en seguida bajaba súbitamente dejándonos un vacío en el estómago. En un punto donde el camino se cruzaba con el de la escuela Jefferson Davis, tío Hammer paró y descansando el brazo derecho sobre el timón, señaló lánguidamente hacia la tienda de los Wallaces:

—Me dan ganas de meterle candela a eso —dijo.

—Hammer, no digas esas cosas —le ordenó Mamá Grande abriendo mucho los ojos.

—John Henry, David y yo nos criamos juntos. Y John Henry y yo hasta peleamos juntos en su guerra. ¿De qué sirvió? Aquí la vida de un negro no vale lo que la vida de un moscardón.

—Yo lo sé, hijo, pero decir esas cosas te puede costar que te ahorquen, y tú bien lo sabes.

Mi mamá le tocó el hombro:

—Tal vez haya otros medios, Hammer... como te dije. No vayas a hacer tonterías. Espérate a que venga David. Habla con él.

Tío Hammer miró con ojos vidriosos a la tienda, suspiró y en seguida dirigió el automóvil hacia Soldiers Bridge. Regresábamos a casa por el camino largo. El puente había sido construido antes de la guerra civil. Era una endeble estructura de madera y yo cada vez que tenía que cruzarlo contenía el resuello hasta que llegaba a salvo al otro lado. Sólo cabía un vehículo a la vez, y el que llegaba primero tenía la vía, pero no siempre se respetaba esta costumbre. Más de una vez, yendo en el carro con mi mamá o con Mamá Grande, habíamos tenido que retroceder para cederle el paso a una familia blanca que había empezado a cruzar el puente cuando nosotras ya estábamos en él.

Cuando divisamos el puente, la otra orilla del río estaba claramente a la vista, y era obvio para todos que un viejo camión Modelo T, repleto de niños de pelo colorado, había llegado primero al puente y se disponía a cruzarlo, pero súbitamente tío Hammer hundió a fondo el acelerador y el Packard entró a la crujiente estructura. El conductor del camión paró y luego, sin vacilar más que un instante, sin siquiera un pitazo de protesta, dio marcha atrás para dejarnos pasar a nosotros primero.

—¡Hammer! —exclamó Mamá Grande—. Han creído que eras el señor Granger.

—Pues se van a llevar una sorpresa cuando lleguemos al otro lado.

Al desembocar del puente vimos a los Wallaces — Dewberry, Thurston y Kaleb —, que se tocaban respetuosamente el sombrero y se quedaban en seguida petrificados al ver quiénes éramos. El tío Hammer sin pestañear y con la mayor tranquilidad se llevó también la mano al ala del sombrero para contestar cortésmente el saludo, y sin volver a mirar atrás aceleró el vehículo dejando a los Wallaces boquiabiertos.

Mis hermanos y yo rompimos a reír, pero la mirada fría de mi mamá nos contuvo.

—No has debido hacer eso —le dijo a Hammer.

—No pude resistir la tentación, querida hermana.

—Algún día tendremos que pagarla. Créemelo, un día de éstos nos la cobran.

VII

—Stacey, ve a traerme la chaqueta, que hoy sí tengo tiempo para arreglarle las mangas —le dijo mi mamá a Stacey unos días después, cuando nos habíamos congregado en torno a la chimenea después de comer.

—¡Oh, oh! —exclamó Juan Cristóbal, e inmediatamente abrió su libro de lectura cuando mi mamá lo miró. El Chico, tapándose la boca con la mano, me susurró al oído:

—Le va a pegar.

—Ah... no hay necesidad —murmuró Stacey—. Está bien así.

—No está bien. Anda, tráela —dijo mamá abriendo su costurero.

Stacey se levantó y dio unos pasos hacia su

cuarto. El Chico, Juan Cristóbal y yo esperamos a ver qué hacía. Entró, en efecto, en su cuarto, pero no tardó un instante en volver a salir y, agarrando nerviosamente el respaldo de su asiento, dijo:

—Mamá, no tengo la chaqueta.

—¿Que no tienes la chaqueta? —exclamó mi mamá. El tío Hammer levantó la vista del periódico pero no dijo nada.

—Stacey —dijo mamá irritada—. Te he dicho que la traigas.

—Pero de veras no la tengo, mamá. Se la di a Timoteo.

—¿A Timoteo?

—Sí, señora, sí mamá —repuso él apresuradamente mientras la ira apuntaba en los ojos de ella—. La chaqueta me quedaba muy grande... y Timoteo dijo que me veía com... como un predicador... y dijo que como a él sí le venía bien... que él la podía usar hasta que yo creciera un poco, y así los muchachos no se burlarían de mí y no se reirían ni me seguirían llamando predicador.

Hizo una pausa, esperando que alguien dijera algo, pero lo único que se oía era una trabajosa respiración y el chisporroteo de la leña en la chimenea. En seguida, según parece más temeroso del silencio que de condenarse hablando, agregó:

—Pero no se la regalé, mamá... Sólo se la presté hasta que yo crezca y me venga bien y entonces...

Su voz se extinguió en un murmullo mientras mi mamá cerraba otra vez el costurero y lo ponía sobre una mesa que estaba detrás. Pensé que iría a buscar la ancha correa de cuero que colgaba de un gancho en la cocina, pero no se levantó. Con voz tranquila pero que traslucía su enfado, amonestó a Stacey:

—En esta casa no se regalan las cosas que nos dan las personas queridas. Ve a traer la chaqueta.

Stacey se disponía a salir, pero el tío Hammer lo detuvo.

—No. Deja la chaqueta donde está —le dijo.

Mamá se volvió a él sin comprender:

—Hammer, ¿qué es lo que dices? Esa es la mejor chaqueta que ha tenido Stacey en su vida y probablemente nunca tendrá otra igual mientras viva en esta casa. David y yo no tenemos con qué comprar una cosa así.

El tío Hammer se respaldó en su silla, mirando fríamente a Stacey.

—Me parece que si Stacey no sabe apreciar una buena chaqueta, no la merece. Por lo que a mí se refiere, que se quede Timoteo con ella. Por lo menos él sí aprecia las cosas finas.

—Hammer —dijo Mamá Grande—, déjalo que vaya por la chaqueta. Ese Timoteo quién sabe qué tantas cosas le dijo...

—¿Y es que Stacey no tiene cabeza? ¿Qué demonios le importa lo que piense Timoteo o lo que diga Timoteo? ¿Y quién es ese tal Timoteo? ¿Es él el que viste a Stacey y el que le da de comer?

El tío Hammer se levantó y se acercó a Stacey, mientras el Chico, Juan Cristóbal y yo lo seguíamos con mirada temerosa.

—De modo que si Timoteo te dice que ahora es verano y que tienes que salir al camino desnudo porque todos salen así, tú le obedeces, ¿eh? —prosiguió.

—N-no, señor —contestó Stacey mirando al suelo.

—Mírame a la cara cuando te hablo —Stacey levantó la vista—. Ahora óyeme bien: Si no tienes los sesos de una pulga para ver que ese tipo Timoteo se ha burlado de ti, entonces nunca irás a ninguna parte en este mundo. La cosa es dura, muchacho, y mientras haya gente, habrá alguien que trate de quitarte lo que tienes y hundirte. Tú verás si los dejas o no. Me parece que cuando te di la chaqueta te gustó, ¿no es así?

—Sí, señor —logró balbucir Stacey.

—Y cualquiera que tuviera dos dedos de frente sabría que era una prenda fina, ¿no es verdad?

Esta vez Stacey sólo pudo asentir con un movimiento de cabeza.

—Pues entonces si te gusta una cosa y es una cosa buena y la has obtenido de una manera honrada, tienes que conservarla y no permitir que ningún embaucador te la escamotee. Si haces caso de lo que la gente inútil diga de ti, nunca llegarás a ninguna parte, porque hay muchos que no quieren dejarte llegar. ¿Entiendes lo que te estoy diciendo?

—Sí señor, tío Hammer —contestó Stacey.

El tío volvió a su periódico sin haberle puesto una mano encima, pero mi hermano quedó temblando. Juan Cristóbal, el Chico y yo cambiamos miradas comprensivas. No sé qué estarían pensando ellos, pero de mí sé decir que en ese mismo momento resolví no hacer nunca nada que pudiera disgustar al tío Hammer; no quisiera ser víctima de un rapapolvo semejante. Ya tenía bastante con las zurras con que mi papá nos calentaba las asentaderas.

Los últimos días de escuela antes de Navidad parecían interminables. Todas las noches me quedaba dormida con la esperanza de que la mañana trajera a mi papá, y todas las mañanas, no encontrándolo, me iba a la escuela consolándome con la idea de que al volver a casa lo encontraría. Pero pasaban los días, mordientes y ventosos, y no llegaba.

A la pena de esperar, y al frío, se agregaba Lillian Jean, quien esa semana se dio trazas para pasar dos veces a mi lado con un airecillo de desprecio y superioridad. Yo ya había agotado mis últimas reservas de paciencia, pero como no había podido resolver cómo manejar el asunto, aplacé tomar las medidas pertinentes hasta que hubiera tenido ocasión de hablar con mi papá sobre todo acerca del incidente de Strawberry. Sabía muy bien que él no iba a correr a buscar a los Simms, como tío Hammer, pues siempre se tomaba el tiempo necesario para pensar todo paso que daba; sin duda me aconsejaría lo que debía hacer con respecto a Lillian Jean.

Quedaba además lo de Timoteo por arreglar. No era ése en realidad mi problema, pero se pavoneaba de un modo tan ofensivo con la chaqueta de lana de Stacey, que resolví desinflarlo al mismo tiempo que a Lillian Jean. El señor Avery lo había llevado a nuestra casa para que devolviera la chaqueta, pero tío Hammer y Stacey, este último vacilando, le dijeron que se podía quedar con ella. Desde ese día Timoteo estaba más inaguantable que nunca. Ahora sí elogiaba la chaqueta, desde las amplias solapas hasta el borde del ancho dobladillo. Jamás se había visto un abrigo más hermoso; jamás nadie se vio más elegante llevándolo puesto; nadie podía esperar tener jamás una cosa semejante.

A Stacey le impedía taparle la boca el principio de tío Hammer de que no debemos culpar a los demás por nuestra propia estupidez; aprendió de su error y adquirió más fortaleza. Yo sí no podía dominarme; y si Timoteo iba a seguir ufanándose con la chaqueta, tendría que humillarse al mismo tiempo que la «señorita» Lillian Jean.

La víspera de Navidad me desperté con el suave murmullo de voces congregadas en la negrura de la madrugada. Mamá Grande no estaba a mi lado, y sin dudarlo un instante supe por qué no estaba. Salté de la cama tocando apenas el tapete de cuero de venado y corrí al cuarto de mamá.

—¡Oh, papá! —grité—. ¡Yo sabía que eras tú!

—¡Cassie, mi niñita! —dijo él riendo y levantándose de su asiento para recibirme en sus brazos abiertos.

Cuando amaneció, la casa olía a domingo: pollo frito, tocino que chirriaba en la sartén, salchichas ahumadas en el horno. Al anochecer el olor era de Nochebuena. En la cocina había pasteles de batata, tartas de natilla y ricos bizcochos de mantequilla, enfriados; un enorme mapache que habían cazado en una expedición nocturna el señor Morrison, tío Hammer y Stacey, se cocía en un mar de cebollas, ajos y gordas batatas color naranja; y un selecto jamón ahumado y curado en azúcar esperaba turno para entrar al horno. En el corazón de la casa, donde nos reuníamos después de la cena, habíamos adornado la repisa de la chimenea con ramas recién cortadas de pino de largas pinochas, y ramas ondulantes de acebo y bayas rojas de Navidad. Y en el hogar mismo en una paila negra colgada de un garfio se asaban cacahuetes sobre brasas de nogal. La última luz de la tarde se convirtió rápidamente en una hermosa noche de terciopelo tachonada de blanquecinos anuncios de nieve, y el cálido rumor de voces profundas y de risas se mezclaba en cuentos de penas y alegrías de días idos, pero no olvidados.

—Esas sandías del viejo Ellis eran mucho más sabrosas que todas las demás —dijo mi papá—, y Hammer y yo nos íbamos a meter allá en su huerta cuando hacía tanto calor que uno casi no se podía mover, y nos llevábamos un par de esas sandías a la orilla de la laguna y las poníamos a enfriar. ¡Y ni hablar de lo que comíamos! ¡Eso sí era comer!

—¿Papá, se las robaban? —preguntó atónito el Chico, quien a pesar de que no le gustaba que lo alzaran, estaba muy a gusto en las rodillas de mi papá.

—Bueno... —dijo éste— tanto como robar, no. Lo que hacíamos era cambiarle una de las sandías de nuestra huerta por una suya. Claro que estaba mal hecho, pero entonces no nos parecía.

—Lo malo —apuntó riendo tío Hammer—, era que el viejo Ellis cultivaba unas sandías gordas y redondas y las nuestras eran largas y listadas.

—Y el señor Ellis cuidaba mucho sus sandías —dijo papá—. Tardó mucho en darse cuenta de lo que ocurría, pero cuando lo descubrió... ¡Santo Dios bendito!

—Ese día sí que salimos de estampía —agregó tío Hammer—. Nunca hemos corrido tanto. Y el viejo Ellis detrás de nosotros con un palo en la mano dándonos por la cabeza...

—¡Cómo corría el hombre! Yo no creía que alguien pudiera mover las piernas tan ligero.

Mamá Grande reía, recordando también:

—Sí, y me acuerdo que su papá les dio su buena mano de azotes cuando el señor Ellis le contó lo que habían hecho. Claro que esos Ellis eran todos corredores por naturaleza. ¿Se acuerdan del hermano del señor Ellis, Tom Lee? Pues una vez...

Durante toda la velada mi papá, tío Hammer, Mamá Grande, el señor Morrison y mi mamá nos entretuvieron con sus recuerdos, representando sus anécdotas con habilidad digna del teatro, imitando a los personajes en la voz, los ademanes y la acción tan cabalmente, que era cosa de morirnos de la risa. Pasamos un rato ameno, cálido; pero a medida que profundizaba la noche y los cacahuetes empezaban a escasear en la paila, las voces bajaron de tono y el señor Morrison dijo:

—Esa Nochebuena del setenta y seis aparecieron como fantasmas. Eran malos tiempos como ahora y mi familia vivía en un tugurio en las afueras de Shreveport. La Reconstrucción ya casi había terminado, los soldados del Norte estaban hartos de que los mantuvieran en el Sur y los negros de los tugurios no les importaban un pepino. Los blancos del Sur estaban cansados de soldados blancos y de negros libertos y trataban de volver las cosas a como fueron antes. En cuanto a los negros... bueno, nosotros simplemente estábamos cansados. Casi no había trabajo, y en ese tiempo creo que era tan difícil ser libre como ser esclavo. Esa noche llegaron... me parece estarlos viendo... hacía frío, tanto frío, que teníamos que apretujarnos los unos contra los otros para conservar algo de calor, y dos muchachos como de dieciocho o diecinueve años vinieron a llamar a la puerta de mi padre. Estaban asustados, muertos de miedo. Acababan de llegar de Shreveport. Una mujer blanca los había acusado de que le habían faltado al respeto y no sabían dónde esconderse, así que acudían a mi padre, que tenía buena cabeza y era grande, más grande que yo. Era muy forzudo. Tenía tanta fuerza que era capaz de romperle una pierna a un hombre como si fuera una ramita... esa noche lo vi hacer eso. Los blancos le tenían miedo. Pero los muchachos no le habían acabado de contar la historia cuando aparecieron los malditos hombres de la noche...

—¡Hombres de la noche! —repetí yo aterrada.

Stacey, que estaba a mi lado, se frunció; Juan Cristóbal me codeó, comprendiendo; el Chico se inclinó hacia adelante en las rodillas de mi papá.

—David... —empezó a decir mi mamá, pero él

le retuvo su fina mano entre las suyas y dijo con voz tranquila:

—Estas cosas tienen que saberlas los niños, querida; es su historia.

Mamá siguió oyendo temerosa, con la mano todavía entre las de mi padre, pero el señor Morrison pareció no haber notado nada y continuó con una voz lejana:

—Llegaron como la langosta. Cayeron encima de nosotros con los sables del ejército rebelde, acuchillando y matando a todo el mundo, incendiándolo todo. No les importaba a quién mataban. Para ellos, nosotros no éramos nada. Como perros. Mataron niños chiquitos y mujeres. Nada les importaba. Mis hermanas perecieron en el incendio. A mí, mi mamá logró sacarme... Trató de volver por ellas pero ya no pudo entrar a la casa. Los hombres de la noche la atacaron y entonces me lanzó... me lanzó con todas sus fuerzas como si fuera una pelota, para que no me alcanzaran. Entonces peleó; peleó como una fiera al lado de mi padre. Ambos eran de casta y tan fuertes como toros...

—¿De casta? —dije yo—. ¿Eso qué quiere decir?

—Cassie, no interrumpas al señor Morrison —me dijo mamá, pero él se volvió hacia mí y me explicó:

—Era que durante la esclavitud había unas granjas donde juntaban negros y negras para sacar crías, como se crían animales, para producir más esclavos. Los dueños ganaban mucho dinero criando esclavos, sobre todo después de que el gobierno prohibió que los siguieran importando de Africa, y producían esclavos con distintas características para vender en subasta. Los que tenían dinero para comprar, blancos y hasta algunos negros libres, podían comprar lo que querían. A mis padres los criaron para que fueran seres de fuerza como lo habían sido sus padres y sus abuelos. Lo que ellos pensaran sobre estas uniones no tenía importancia. A nadie le importaba. Pero mi madre y mi padre sí se amaban y nos amaban a nosotros sus hijos, y esa noche de Navidad se defendieron de esos demonios como ángeles de la venganza de Dios.

Volvió a mirar al fuego, hizo una pausa y en seguida levantó la cabeza y dirigiéndose otra vez a nosotros terminó su relato:

—Esa noche ambos murieron. Los hombres de la noche los mataron. La gente me dice que yo no me puedo acordar de lo que pasó esa Navidad... no tenía sino unos seis años... pero me acuerdo perfectamente. Me obligo a recordar.

Calló de nuevo y nadie habló. Mamá Grande hurgaba distraídamente los leños rojos con el atizador, pero nadie más se movía. Al fin el señor Morrison se levantó, nos dio las buenas noches y se fue. El tío Hammer también se puso de pie:

—También me voy a acostar. Es casi la una...

—Espérate un momento, Hammer —dijo

Mamá Grande—; ya que tú y David están en casa, tenemos que hablar... de la tierra.

Visiones de hombres de la noche mezcladas con incendios en un caldero de miedo me despertaron mucho antes de que amaneciera. Me volví automáticamete en busca de la presencia reconfortante de Mamá Grande, pero ella no estaba a mi lado.

Una luz suave entraba por debajo de la puerta del cuarto de papá y mamá, ahora iluminado únicamente por el resplandor vacilante de las ascuas de la chimenea, y corrí allá. Al abrir la puerta oí que Mamá Grande decía:

—Si nos ponemos a pelear con esos blancos de aquí, Dios sabe en qué parará todo esto.

—¿Y es mejor no hacer nada sino lamentarnos de cómo nos tratan? —replicó mi mamá vivamente—. Todo el mundo desde Smellings Creek hasta Strawberry sabe que fueron ellos, y nosotros, ¿qué hacemos? Entregarles los pocos centavos que tenemos y mandar a nuestros hijos a su tienda a que aprendan lo que no deben aprender. Los niños mayores van allá a beber, aunque no tengan con qué pagar, y los Wallaces sencillamente agregan el precio de la bebida a la cuenta de la familia... más dinero para ellos pervirtiendo a nuestros jóvenes. A mí me parece que lo menos que podemos hacer es dejar de comprar en esa tienda. No será verdadera justicia pero les dolerá y nosotros habremos hecho algo. El señor Turner y los Averys y los Laniers y más de dos docenas de familias dicen que lo van a pensar y que no comprarán más a los Wallaces si pueden conseguir crédito en otra parte. Se lo debemos a los Berrys...

—Francamente —interrumpió tío Hammer— yo prefiero incendiarles la tienda.

—Hammer, la incendias y no tendremos nada —repuso mi madre.

—No vamos a tener nada de ninguna manera. Si crees que comprando en Vicksburg vamos a sacar a los Wallaces, no sabes cómo son las cosas aquí. Olvidas que Harlan Granger apoya la tienda.

—Mary, hija, Hammer tiene razón —dijo Mamá Grande—. Yo voy a hacer lo que les he dicho con esta tierra porque no quiero que cuando yo falte se presente alguna cuestión legal que le permita a Harlan Granger apoderarse de ella. Pero si nos ponemos a fiar a la gente con nuestra tierra, seguramente la vamos a perder; y si eso sucede, ¿con qué cara me presento yo ante Pablo Eduardo?

—Yo no digo que debamos servir de fiadores —dijo mamá—, pero somos casi la única familia que tiene una prenda que ofrecer.

—Eso puede ser, hija —intervino mi padre—, pero si pignoramos esta tierra, es como si la regaláramos. En tiempos como éstos no es probable que ninguna de esas personas pueda pagar sus obligaciones, por buena voluntad que tenga; y si no pueden pagar, ¿en qué quedamos nosotros? No tenemos dinero contante para pagar deudas ajenas. No... habrá que buscar otra manera... Ir a Vicksburg tal vez a ver qué se puede hacer... Cassie, ¿qué haces aquí, linda? —agregó viéndome en la puerta.

—No, nada, papá... fue que me desperté...

Mi mamá se iba a levantar pero él la detuvo y él mismo se levantó de su asiento y me llevó otra vez a la cama diciéndome con dulzura:

—No hay razón para tener pesadillas, Cassie, niña; al menos, no esta noche.

—Papá, ¿vamos a perder la tierra? —le pregunté mientras él me arropaba bien en la cama. Me tocó suavemente la cara en la oscuridad:

—Aunque no recuerdes nada más en tu vida, Cassie, niña, recuerda esto: No vamos a perder esta tierra. ¿Me crees?

—Sí señor, papá.

—Entonces, duérmete. Mañana es Navidad.

—¡Libros! —gritó el Chico la mañana de Navidad.

Para Stacey *El conde de Monte Cristo;* para mí, *Los tres mosqueteros* y para Juan Cristóbal y el Chico sendos volúmenes de *Fábulas de Esopo.* En la cubierta interior de cada uno aparecía el nombre del dueño escrito con la hermosa letra de mi mamá. El mío decía: «Este libro es propiedad de la señorita Cassie Débora Logan. Navidad de 1933».

—El que me vendió estos libros me dijo que dos fueron escritos por negros —dijo mi papá abriendo el mío y señalando el retrato de un hombre que vestía un saco larguísimo y tenía la cabeza llena de bucles que le daban hasta los hombros—. Se llamaba Alejandro Dumas, un francés. Su padre era un mulato y su abuela había sido esclava en una de esas islas... aquí dice: la Mar-ti-ni-ca. El vendedor me dijo que era lectura muy avanzada para niños, pero yo le dije: «es que usted no conoce a los míos. Si no los pueden leer ahora, aprenden a leerlos».

Además de los libros, había para cada uno una media de Navidad llena de orozuz, naranjas y bananas, golosinas que sólo una vez en el año se compraban en las tiendas; y del tío Hammer, un vestido y un suéter para mí, y suéteres y pantalones para Juan Cristóbal y el Chico. Pero nada como los libros. El Chico, que apreciaba la ropa más que cualquier otra cosa, dobló cuida-dosamente sus pantalones y su suéter, los puso a un lado y corrió a buscar un pliego limpio de papel de estraza para forrar su libro. Todo el día estuvo sentado en el tapete de cuero de venado contemplando las preciosas láminas en colores de remotos lugares, volteando las páginas como si fueran de oro, y a cada rato se miraba las manos, miraba la página que acababa de volver y corría a la cocina a lavarse otra vez... por si acaso.

Después del servicio religioso, los Averys regresaron a casa con nosotros para la comida de Navidad. Todos los ocho niños Avery, incluso los cuatro preescolares, se metieron en la cocina con mis hermanos y conmigo olfateando los deliciosos aromas y esperando la hora en que nos llamaran a comer. Pero sólo se les permitió permanecer allí a las niñas mayores, que ayudaban a mi mamá, a Mamá Grande y a la señora Avery a dar los últimos toques a la comida. A los demás nos sacaba continuamente Mamá Grande. Al fin se hizo el anuncio que tanto esperábamos y se nos permitió dar comienzo a la comilona de Navidad.

La comida duró más de dos horas, mientras todos repetían una y otra vez en medio de charlas y risas hasta llegar a los postres. Cuando terminó, los muchachos y yo salimos a jugar en compañía de Claudio y de Timoteo, pero el suelo estaba cubierto por una capa de media pulgada de nieve medio derretida y sucia que parecía una sopa, de manera que nos volvimos a entrar y nos reunimos con los adultos en torno a la chimenea. Al poco rato llamaron tímidamente a la puerta. Stacey fue a abrir y se encontró allí con Jeremy Simms que parecía congelado y muy asustado mirando al interior de la casa. Todos se volvieron a mirarlo. Stacey consultó con los ojos a mi papá y luego dijo un poco torpemente:

—¿Quieres... quieres entrar?

Jeremy asintió con un movimiento de cabeza y entró con paso vacilante. Stacey le señaló la chimenea para que se acercara. Tío Hammer apretó los ojos y le dijo a mi papá:

—Parece uno de los Simms.

—Creo que es.

—¿Entonces qué demonios...?

—Déjalo de mi cuenta —le dijo mi papá.

Jeremy, que había alcanzado a oír, se puso colorado y le entregó rápidamente a mi mamá una pequeña bolsa de arpillera:

—Las traje... las traje para todos.

Mamá abrió la bolsa y yo me asomé a ver qué contenía. Eran nueces.

—¡Nueces! —exclamé—. ¡Si tenemos más nueces que...!

—¡Cassie! —me dijo enojada mi mamá—. ¿Qué te he dicho de esa lengua tuya? —y volviéndose a Jeremy—: Qué amable eres, Jeremy. Todos te quedamos muy agradecidos.

Jeremy movió ligeramente la cabeza, como si no supiera cómo recibir los agradecimientos, y con cierta cortedad le dio a Stacey un objeto largo envuelto en papel, diciéndole:

—La hice para ti.

Stacey miró a mi papá para saber si lo debía

aceptar. Mi papá estudió largo rato a Jeremy y al fin asintió con un movimiento de cabeza. Stacey desenvolvió entonces el regalo. Era una flauta de madera bien pulida.

—La hice yo mismo —dijo Jeremy muy complacido—. Pruébala. Suena muy bonito.

Otra vez Stacey volvió a mirar a mi papá, pero esta vez no obtuvo ninguna indicación de cómo debía proceder. Al fin dijo:

—Gracias, Jeremy, es muy bonita.

Luego, con la flauta en la mano, se paró inquieto en la puerta, esperando que Jeremy se marchara. Como no se movía, mi papá le preguntó:

—¿Tú eres hijo de Charlie Simms?

—Sí, señor.

—¿Tu papá sabe que has venido aquí?

Jeremy se mordió el labio inferior y mirándose los pies repuso:

—No, señor, no sabe.

—Entonces, tal vez será mejor que te vayas a tu casa, hijo, antes de que tu papá venga a buscarte.

—Sí, señor —convino el muchacho disponiéndose a salir. Cuando ya estaba en la puerta yo le grité:

—¡Feliz Navidad, Jeremy!

Se volvió a mirar sonriendo tímidamente.

—Feliz Navidad para todos —contestó.

Timoteo no hizo comentario alguno a la visita

de Jeremy hasta que mi padre y tío Hammer salieron de la pieza. A mi padre le temía y al tío Hammer le tenía verdadero terror, así que no hablaba mucho cuando alguno de ellos se hallaba entre nosotros; pero ahora que habían salido con el señor Avery, dijo:

—No irás a conservar esa cosa, ¿no?

Stacey lo miró con malos ojos; comprendí que se estaba acordando de la chaqueta.

—Pues sí —dijo—. La voy a conservar. ¿Y qué hay con eso?

—No, nada... Sólo que a mí sí no me gustaría tener un pífano que ha estado tocando un muchacho blanco.

Observé a Stacey a ver si se iba a dejar engatusar otra vez de Timoteo. No se dejó:

—Déjate de hablar majaderías —le ordenó.

—Ah, hombre, no es para que te ofendas —dijo Timoteo rápidamente—. Si la quieres, es cosa tuya. Pero para mí, si alguien me quiere regalar algo, que sea una cosa fina, como esa linda pistolita de cachas de madreperla...

Cuando se fueron los Averys, Stacey preguntó:

—Papá, ¿por qué me regalaría Jeremy esta flauta? Yo no le di nada.

—Tal vez sí le has dado algo —dijo papá encendiendo su pipa.

—No, señor, papá. Nunca le he dado nada.

—¿Ni siquiera tu amistad?

—Bueno... no es que seamos amigos, real-

194

mente... Es medio chiflado y le gusta acompañarnos en el camino a la escuela.

—¿Tú lo aprecias?

Stacey frunció el entrecejo, pensando.

—Yo le he dicho que no nos acompañe, pero no me hace caso y los muchachos blancos se burlan de él por eso. Pero no le importa... Sí, lo aprecio por eso. ¿Está mal hecho?

—No. No está mal hecho.

—La verdad es que es más fácil entenderse con él que con Timoteo —añadió Stacey—, y seguro que si yo lo dejara, sería mejor amigo que Timoteo.

Mi papá se sacó la pipa de la boca, se atusó el bigote y habló tranquilamente:

—A mi modo de ver, la amistad entre un muchacho negro y uno blanco no es gran cosa porque generalmente no es a base de igualdad. Ahora tú y Jeremy puede que se entiendan muy bien, pero dentro de unos años él se sentirá ya hombre mientras que tú seguirás siendo un muchacho para él. Y si lo siente así, se volverá contra ti en un instante.

—Pero, papá, yo no creo que Jeremy haría eso.

Mi padre apretó los ojos y su parecido con tío Hammer aumentó.

—Nosotros los Logans no nos metemos con blancos. ¿Sabes por qué? Porque es buscarse problemas. Uno sabe que los negros que se mezclan con los blancos, se van a meter en líos. Tal vez algún día blancos y negros podrán ser amigos de verdad, pero por ahora el país no es así. Tal vez tengas razón cuando dices que Jeremy podría ser mucho mejor amigo que Timoteo. Lo malo es que aquí en Mississippi cuesta mucho averiguarlo... Así que más vale que no lo intentes.

Stacey miró directamente a la cara a mi papá y comprendió.

Cuando me iba a acostar pasé primero por el cuarto de los muchachos para recuperar una naranja que Juan Cristóbal me había robado de mi media, y desde la puerta alcancé a ver a Stacey que tenía la flauta en la mano. La estuvo acariciando un rato, luego la envolvió otra vez con mucho cuidado y la guardó en una caja donde guardaba sus tesoros. Nunca más volví a ver esa flauta.

Al día siguiente de Navidad mi papá nos llamó a mí, a Stacey, a Juan Cristóbal y al Chico al establo. Habíamos abrigado la vana esperanza de que mi mamá no le contara lo de nuestra aventura en la tienda de los Wallaces, o si le contaba, que él se hubiera olvidado de su amenaza. No nos debíamos haber forjado esa ilusión. Mi mamá siempre le contaba todo, y él jamás se olvidaba de nada.

Después de recibir el merecido castigo, salimos del establo adoloridos y llorosos, mientras mi papá, tío Hammer y el señor Morrison subían al automóvil y se marchaban. Mi mamá dijo que iban a Vicksburg.

—¿Qué van a hacer a Vicksburg? —preguntó Stacey.

—Van a hacer una diligencia... Ahora, todo el mundo a trabajar. Tenemos mucho que hacer.

Al caer de la tarde, poco después de haber regresado los hombres, llegó el señor Jamison. Llevaba un pastel de frutas que nos mandaba la señora Jamison y un paquetito de caramelos de limón para cada uno de los niños. Mi mamá dejó que le diéramos las gracias y en seguida nos mandó salir. Jugamos un rato en los montoncitos de nieve que quedaban, pero cuando nos aburrimos de esto, yo metí las narices en la casa para averiguar qué ocurría; mi mamá me ordenó salir otra vez.

—¿Qué están haciendo? —preguntó el Chico.

—Mirando unos papeles —dije—. Y tío Hammer estaba firmando algo.

—¿Qué papeles? —preguntó Stacey.

—No sé. Pero el señor Jamison dijo algo de vender la tierra.

—¿Vender la tierra? ¿Estás segura? —preguntó Stacey.

—Sí, oí que decía: «Todos ustedes firman estos papeles y la señora Carolina ya no tiene legalmente derecho a la tierra. No la puede vender, no la puede hipotecar. Queda a nombre de ustedes y para poder hacer algo con ella ambos tienen que firmar».

—¿Quiénes son ambos?

Me alcé de hombros.

—Me imagino que serán mi papá y tío Hammer.

Después de un rato sentimos mucho frío y nos entramos. El señor Jamison, sentado al lado de Mamá Grande, metía unos papeles en su cartera.

—Ahora que esto está hecho, espero que usted se sienta mejor, señora Carolina —dijo con esa suave voz que era una mezcla del acento de la aristocracia sureña y de las universidades del Norte.

—Desde hace tiempo Hammer y David son los que se encargan de todo —repuso Mamá Grande—. Ellos y Mary trabajan muchísimo para pagar los impuestos y la hipoteca sobre esta propiedad, y antes de morirme quería que tuvieran el título legal, sin problemas. No quiero que cuando yo falte haya líos sobre quién tiene el derecho a la tierra. Usted sabe que eso pasa a veces.

El señor Jamison asintió. Era un hombre alto y delgado, cincuentón, con la cara perfecta de un abogado, tan plácida que no era fácil adivinar sus pensamientos.

Mis hermanos y yo nos sentamos sin hacer ruido a la mesa de trabajo y nuestro silencio nos permitió quedarnos. Calculé que el señor Jamison estaría por marcharse. Era evidente que ya había terminado lo que tenía que hacer, y aun cuando gozaba del aprecio de la familia, no lo considerábamos un amigo en el sentido ordinario, y no parecía haber razón para que prolongara su visita. Pero dejó la cartera en el suelo, señal de que no se disponía a marcharse, y mirando primero a Mamá Grande y a mi mamá, y luego a mi papá y al tío Hammer, dijo:

—Se dice por ahí que algunas personas de por aquí están pensando en ir a hacer sus compras en Vicksburg.

Mamá Grande miró a mi papá y al tío Hammer, pero ninguno de los dos le devolvió la mirada. Tenían los ojos fijos en el señor Jamison. Este agregó:

—También se habla de por qué quieren ir a comprar allá. Como ustedes saben, mi familia tiene raíces en Vicksburg... todavía tenemos allí muchos amigos. Uno de ellos me llamó esta mañana. Me dijo que ustedes estaban buscando un crédito para unas treinta familias.

Mi padre y tío Hammer no confirmaron ni negaron esto.

—Ustedes saben muy bien —prosiguió el señor Jamison—, que hoy día no es fácil conseguir crédito. Si lo solicitan, tienen que ofrecer alguna garantía.

—Sí, lo sabemos —dijo tío Hammer.

—Me lo imaginaba. Pero hasta donde yo sé, lo único que tienen ustedes para respaldar un crédito es esta propiedad... y yo no sería partidario de que la pignoraran.

—¿Por qué? —preguntó tío Hammer, dudoso de ese interés.

—Porque la pierden.

Se hizo silencio en la pieza. El fuego chisporroteaba. Luego mi papá dijo:

—¿Qué trata de decirnos?

—Yo respaldo el crédito.

Silencio otra vez. El señor Jamison esperó, dándoles tiempo a mi papá y al tío Hammer para buscar un motivo tras la máscara de su cara.

—Yo soy sureño, nacido y criado en el Sur, pero eso no quiere decir que esté de acuerdo con todo lo que está pasando, y hay muchos otros blancos que piensan como yo.

—Si usted y tantos otros piensan así —dijo el tío Hammer con una sonrisa irónica—, ¿cómo es que los Wallaces no están en la cárcel?

—Hammer...—empezó a decir Mamá Grande.

El señor Jamison contestó con toda franqueza:

—Porque no hay suficientes de esos blancos que se atrevan a confesar lo que piensan; y aunque lo confesaran, no estarían dispuestos a condenar a la horca a un blanco por matar a un negro. Es así de sencillo.

Tío Hammer sonrió y sacudió la cabeza, pero en sus ojos se veía un respeto involuntario por el señor Jamison.

—Respaldar el préstamo será una cuestión estrictamente comercial. En el otoño, cuando venga la cosecha, los que hayan hecho compras en Vicksburg tendrán que pagarlas. Si no pagan, entonces tendré que pagar yo. Claro que como hombre de negocios prefiero no tener que pagar ni un centavo (no estoy nadando en dinero) de modo que tendremos que fijar un límite al crédito. Con todo, me proporcionaría una gran satisfacción tomar parte en este asunto... ¿Qué opinan?

—Usted sabe que lo más probable es que después de hacer todas las cuentas no quede dinero para pagar nada, fuera de las deudas con la tienda de los Wallaces —dijo mi papá.

—Sin embargo, la oferta está en pie —replicó el señor Jamison.

—Bueno, en ese caso, los que tienen que resolver son los que van a comprar con su firma. Si ellos lo quieren, nosotros no tenemos nada que decir. Nosotros siempre pagamos al contado.

—Si usted garantiza ese crédito —apuntó tío Hammer—, no será el hombre más popular de por aquí. ¿Ha pensado en eso?

—Sí —contestó pensativo el señor Jamison—. Mi esposa y yo hemos discutido ampliamente el asunto. Nos damos muy bien cuenta de lo que podría ocurrir... Lo que me pregunto es si ustedes se dan cuenta. Además de que hay muchos blancos resentidos porque ustedes tengan esta tierra y por su actitud independiente, hay que contar con Harlan Granger. Yo conozco a Harlan desde que nací y sé que esto no le va a gustar.

Tuve la tentación de preguntar qué tenía que ver el señor Granger en este asunto, pero el sentido común me dijo que lo único que ganaría con ello sería que me hicieran salir. Por suerte el señor Jamison se encargó de informarme sin que yo se lo preguntara, pues agregó:

—Desde que éramos niños, Harlan ha vivido en el pasado. Su abuela le llenó la cabeza de cuentos sobre la grandeza del Sur antes de la guerra. Entonces, como ustedes lo saben, los Grangers eran propietarios de una de las plantaciones más grandes del Estado. Parecía como si todo el distrito de Spokane les perteneciera, y ellos lo creían así. Todo lo pertinente a esta región había que consultárselo y ellos se creían encargados de ver que todas las cosas marcharan en orden, de acuerdo con la ley... una ley hecha básicamente para los blancos. Pues bien, Harlan sigue pensando hoy día exactamente como pensaba su abuela en aquellos tiempos. También tiene un fuerte apego a esta tierra y está resentido porque ustedes no se la venden otra vez. Si ustedes respaldan el crédito con ella, aprovechará la ocasión para desposeerlos. De eso pueden estar seguros.

Hizo una pausa, y cuando continuó habló en

voz tan baja que yo tuve que inclinarme hacia adelante para alcanzar a oír sus palabras:

—Y si ustedes continúan incitando a la gente para que no compre en la tienda de los Wallaces, también la pueden perder. No olviden que Harlan les alquila a los Wallaces el terreno donde está la tienda y saca una buena tajada de lo que produce. Antes de que les permitiera abrir el negocio, sólo recibía el dinero de sus aparceros. Ahora recibe también una buena parte del de los aparceros de Montier y de Harrison, puesto que esas dos plantaciones son muy pequeñas para tener tienda propia, y no les va a permitir a ustedes que le recorten sus ingresos. Pero lo más grave de todo es que con esto del boicoteo ustedes están señalando a los Wallaces con el dedo. No sólo los están acusando de asesinato, que en este caso no sería tan grave puesto que el muerto fue un negro, sino que están diciendo que deben ser castigados, y que deben ser castigados lo mismo que si hubieran matado a un blanco. Pero castigar a un blanco por un crimen contra un negro denotaría igualdad, y eso es lo que Harlan Granger no va a permitir jamás en su vida.

El señor Jamison calló otra vez, esperando; pero como nadie más habló, prosiguió de esta manera:

—De lo que acusaban a John Henry Berry y a su hermano — de querer hacerle la corte a una mujer blanca — es lo que más puede enfurecer a

203

Harlan Granger y a la mayor parte de los blancos de este vecindario. Eso lo saben ustedes muy bien. Tal vez Harlan no apruebe los métodos de los Wallaces, pero ciertamente estará de parte de ellos. Créanmelo.

El señor Jamison recogió su cartera, se pasó los dedos por el canoso cabello y mirando a mi papá dijo:

—Lo triste es que al fin de cuentas ustedes no pueden ganarle la partida ni a él ni a los Wallaces.

Mi papá nos miró a mis hermanos y a mí que esperábamos su respuesta, movió la cabeza como si estuviera de acuerdo, y dijo:

—A pesar de todo, yo quiero que estos niños sepan que lo intentamos, y lo que nosotros no podamos hacer, tal vez algún día lo puedan hacer ellos.

—Ojalá sea así —murmuró el señor Jamison dirigiéndose a la puerta—. Sinceramente lo deseo.

En los días que siguieron a la visita del abogado, mi papá, mi mamá y tío Hammer fueron de casa en casa a hablar con los que pensaban hacer sus compras en Vicksburg. Al cuarto día mi papá y tío Hammer fueron otra vez a Vicksburg, pero en el carro con el señor Morrison. El viaje fue de dos días y cuando regresaron, traían el carro cargado con los artículos que habían comprado.

—¿Qué son todas esas cosas? —le pregunté a mi papá cuando saltó del carro—. ¿Son para nosotros?

—No Cassie, mi niña. Son cosas que los vecinos encargaron.

Hubiera querido hacer más preguntas sobre el viaje, pero mi papá parecía tener mucha prisa por marcharse otra vez y mis interrogantes se quedaron sin respuesta hasta el día siguiente, cuando se presentó el señor Granger. Juan Cristóbal y yo estábamos ocupados sacando agua del pozo cuando el Packard plateado se detuvo en la entrada de coches. El señor Granger descendió, miró con gesto agrio al Packard de tío Hammer estacionado en el establo, en seguida abrió el portillo que daba al patio y se dirigió a la casa.

Juan Cristóbal y yo nos dimos prisa para jalar del cable, sacar el tubo y llenar de agua el cubo, que pesaba bastante y que llevamos entre los dos, uno de cada lado, al porche posterior, donde lo depositamos. En seguida atravesamos de puntillas la cocina hasta la puerta que daba al cuarto de papá y mamá. El Chico y Stacey, que en ese momento salían de allí expulsados por mi mamá, dejaron la puerta entreabierta y los cuatro pegamos las orejas, unos sobre otros en escalera.

El señor Granger, quien a pesar de su educación universitaria gustaba de hablar el lenguaje llano de los aldeanos, decía en ese momento:

—Está dando mucho que hablar, Hammer, con ese automóvil que se ha traído... ¿Qué lo tienen haciendo allá en el Norte? ¿Contrabandeando whisky? —y rió con una risilla forzada para indicar que esto era un chiste, pero no le quitaba los ojos de encima, esperando una respuesta.

Tío Hammer, recostado contra la chimenea, no le celebró el chiste.

—Allá en el Norte no necesito contrabandear —repuso de mal modo—. Hago el trabajo de un hombre y me pagan el jornal de un hombre.

El señor Granger lo observó un momento. El tío Hammer vestía un pantalón muy bien planchado, bajo el chaleco una camisa blanca como la nieve, y zapatos que brillaban como la medianoche. Así había vestido desde el día que llegó.

—Sí, ya veo que está muy aseñorado, ¿no? Claro, siempre se ha creído demasiado importante para trabajar en el campo como los demás.

—No, no es eso —dijo tío Hammer—. Es que nunca he podido entender que cincuenta centavos diarios sean un jornal decente para un niño de teta, y mucho menos para un hombre.

No dijo más, ni necesitaba decir más. Todo el mundo sabía que cincuenta centavos eran el jornal más alto que se pagaba a todo trabajador, hombre, mujer o niño, en los campos de Granger.

El señor Granger se pasó la lengua en torno a

los dientes haciendo sobresalir los labios en curiosos semicírculos; luego se volvió a mi padre:

—Me cuentan que usted ha organizado toda una tienda ambulante por aquí; que para conseguir cualquier cosa que uno quiera de Tate, en Vicksburg, no es sino decírselo a usted.

Mi padre sostuvo su mirada, pero no contestó. El otro sacudió la cabeza y continuó:

—Yo sospecho que ustedes están tramando algo. Todos ustedes tienen raíces en este vecindario. Hasta consiguieron el préstamo que le hizo a Pablo Eduardo el First National Bank de Strawberry para esos doscientos acres del lado oriental. Por supuesto que ahora, como están los tiempos, esa hipoteca podría vencer en cualquier momento... y si se vence y no tienen con qué pagar, pueden perder esta tierra.

—No la vamos a perder —declaró de plano tío Hammer.

El señor Granger le echó una mirada, luego volvió a mirar a mi papá. Sacó un cigarro del bolsillo, después un cortaplumas para despuntarlo. Tiró la punta a la chimenea, se respaldó en su asiento y encendió el cigarro mientras mi papá, mi mamá, tío Hammer y Mamá Grande esperaban que continuara. En seguida dijo:

—Esta es una magnífica comunidad. Tiene gente muy buena... tanto blancos como negros. Cualquier queja que tengan ustedes, cuéntenmela a mí. Todo se arreglará sin tanto alboroto.

Tío Hammer soltó una carcajada. El señor Granger lo miró con severidad, pero él le devolvió la mirada con insolencia, sin que la sonrisa abandonara sus labios. El señor Granger nos previno:

—Aquí no quiero bochinche. Este es un pueblo tranquilo... Y yo veré que siga tranquilo. Los problemas que tengamos los podemos arreglar. No les ocultaré que me parece que están cometiendo un error muy grave, tanto para la comunidad como para ustedes mismos, yendo a Vicksburg a hacer sus compras. Eso no es de buenos vecinos.

—Tampoco quemar a la gente —dijo tío Hammer.

El señor Granger dio un fuerte chupetón al cigarro, pero no miró al tío Hammer. Cuando volvió a hablar se dirigió a Mamá Grande. Su voz era áspera, pero no se refirió al comentario de tío Hammer.

—Yo no creo que su Pablo Eduardo hubiera aprobado una cosa como ésta. ¿Cómo es que usted les permite a sus hijos hacerla?

—Ya son hombres y la tierra es de ellos. Yo no tengo nada que decir —repuso ella alisándose con las manos el enfaldo del vestido. La mirada del señor Granger no reveló sorpresa alguna, pero frunció otra vez los labios y se pasó la lengua alrededor de los dientes.

—El precio del algodón está supremamente

bajo, como todos saben —dijo al fin—. El verano entrante me puedo ver obligado a cobrarle a mi gente más de su cosecha sólo para pagar los gastos... No quisiera hacerlo porque entonces casi no les quedaría con qué comprar provisiones para el invierno, para no hablar de pagar las deudas...

Hubo un tenso silencio de espera antes de que volviera a mirar a mi papá:

—El señor Joe Higgins del First National me dice que él no podría estarles haciendo préstamos a gentes que se dedican a fomentar mala voluntad entre la comunidad...

—Y sobre todo a echar a la gente de color de sus tierras —apuntó tío Hammer con calma.

El señor Granger palideció, pero no lo volvió a mirar.

—El dinero está escaso —continuó como si no hubiera oído—, y la gente así no tiene buen crédito. ¿Usted está dispuesto a perder su tierra por esta causa, David?

Mi papá estaba encendiendo su pipa. No levantó la vista hasta que la llama prendió en el tabaco. Entonces se volvió al señor Granger:

—Doscientos acres han sido tierra de los Logans desde hace ya casi cincuenta años, los otros doscientos desde hace quince. Hemos pasado por buenos y malos tiempos, pero nunca hemos perdido un palmo de ella. No la vamos a perder ahora.

—Era tierra de Granger antes de ser de Logan —dijo el señor Granger.

—Tierra de esclavos —dijo mi padre.

—No habríamos perdido esta sección si no nos la hubieran robado los oportunistas yanquis después de la guerra. Pero pónganse ustedes a jugar a Papá Noel y verán cómo yo la recupero... muy fácilmente. Quiero que sepan que estoy dispuesto a hacer cuanto sea necesario con tal de mantener la paz aquí.

Mi papá se sacó la pipa de la boca y se quedó mirando el fuego. Cuando se volvió a dirigir al señor Granger su voz era muy tranquila, muy clara y muy segura:

—Usted, siendo blanco, puede planear cuanto se le antoje. Pero óigame bien, si su plan es apoderarse de esta tierra, está muy equivocado.

La mano casi invisible de mi mamá tocó el brazo de mi padre. El señor Granger dijo, maliciosamente:

—Hay muchas maneras de detenerlo a usted, David.

Mi padre contestó con una mirada de hielo:

—Pues si es así, póngalas en práctica.

El señor Granger se levantó para retirarse. En sus labios jugaba una sonrisa maliciosa, como si supiera un secreto que no quería revelar. Le echó una última mirada al tío Hammer, luego dio la vuelta y salió, dejando detrás de sí el silencio.

VIII

—¡Señorita Lillian Jean!... Un momento, por favor, ¡espéreme!

—Cassie, ¿estás loca? —gritó Stacey—. Cassie... ¿a dónde vas? ¡Ven acá!

Las palabras de Stacey se perdieron en la calma gris de aquella mañana de enero mientras yo, poniendo oídos sordos a ellas, corrí tras Lillian Jean y una vez que la alcancé le dije:

—Gracias por esperarme.

—¿Qué quieres? —me contestó irritada.

—Pues era que... he estado pensando en lo que ocurrió el mes pasado en Strawberry —repuse caminando a su lado.

—¿Y qué? —preguntó desconfiada.

—Pues le confieso que primero sí estuve muy

enfadada, pero mi papá me dijo que andar por ahí de mal humor no sirve de nada. Entonces empecé a ver cómo son las cosas. Es decir, lo debía haber visto desde mucho antes. Al fin y al cabo, quién soy yo y quién es usted.

Lillian Jean me miró sorprendida de que yo viera las cosas con tanta claridad.

—Bueno, me alegro de que al fin hayas aprendido cómo son las cosas.

—Oh, sí. A mí me parece... pero permítame que le lleve sus libros, señorita Lillian Jean... a mí me parece que todos tenemos que hacer lo que tenemos que hacer. Y eso es lo que yo voy a hacer de aquí en adelante: Lo que tengo que hacer.

—Haces muy bien, Cassie —contestó con entusiasmo—. Dios te bendecirá por eso.

—¿Lo cree usted?

—¡Por supuesto! Dios quiere que todas sus criaturas hagan lo que es justo.

—Me alegro de que piense así... señorita Lillian Jean.

Cuando llegamos al cruce de caminos me despedí de ella y esperé a los demás. Antes de llegar adonde yo estaba, el Chico exclamó:

—Se lo voy a decir a mi mamá. ¡Llevarle los libros a ésa...!

—Cassie, ¿por qué has hecho eso? —preguntó Juan Cristóbal con gesto adolorido.

—¡Ah! —dijo riendo Timoteo—. Cassie ha

aprendido a hacer lo que debe hacer para que el señor Simms no le vuelva a sentar la mano.

Cerré los puños y apreté los ojos a la manera de los Logans, pero logré dominar mi lengua. Stacey me miró de una manera extraña y dijo:

—Vamos. Tenemos que ir a la escuela.

Todos lo seguimos. Jeremy me tocó el brazo tímidamente:

—Cassie, no tenías que hacer eso. Esa Lillian Jean no lo merece.

Lo miré, tratando de entenderlo; pero se separó de mi lado y corrió detrás de su hermana.

Cuando nos acercábamos a la escuela, el Chico, todavía furioso y herido en su orgullo, dijo:

—Mi mamá te va a desollar viva; porque yo se lo voy a decir.

—Tú no vas a decir nada —dijo Stacey, dejándonos a todos mudos—. Esta es una cuestión entre Cassie y Lillian Jean y nadie le va a decir nada a nadie. ¿Entendido? —agregó mirando directamente a Timoteo.

—Ah, hombre, ¿a mí qué me importa? —dijo éste—. Yo tengo muchas otras cosas en que pensar, para estarme preocupando de que Cassie se le humille a Lillian Jean.

La cólera casi se me sale de la boca, pero apreté los labios para no dejarla aflorar. Timoteo siguió diciendo:

—Dentro de dos semanas son los exámenes

finales, hombre, y no me puedo dejar reprobar otra vez.

—Pues no te dejes reprobar —dijo Stacey.

—Eso fue lo que pensé el año pasado. Pero a tu mamá se le ocurren los exámenes más trabajosos del mundo.

Hizo una pausa, dio un suspiro y se aventuró a decir:

—Pero apuesto a que si tú le preguntaras qué preguntas va a hacer...

—No me vengas ahora con más trampas, Timoteo —replicó Stacey con rabia—, después de todos los líos en que me hiciste meter el año pasado. Si tienes dudas, tú mismo pregúntale a mi mamá, pero si me hablas una palabra más de trampas, te voy a...

—Está bien, está bien... Tendré que pensar en algo.

—A mí se me ocurre una idea —dije yo, no pudiendo reprimir el deseo de darle un buen consejo.

—¿Qué?

—Que estudies.

El día de Año Nuevo tío Hammer se marchó. Mi papá y yo fuimos a caminar por el sendero del bosque, hasta el claro brumoso donde se hallaban los árboles caídos. Durante un rato contemplamos una vez más la destrucción, luego nos sentamos en uno de aquellos troncos amigos a conversar en tono bajo, respetuoso, observando el suave murmullo de la fronda.

Después de que le expliqué todo lo ocurrido en Strawberry, mi papá me dijo lentamente:

—La Biblia nos enseña que debemos perdonar estas cosas.

—Sí señor.

—Que uno debe poner la otra mejilla.

—Sí señor.

Se pasó la mano por el bigote, levantó la vista a los árboles erguidos como centinelas al borde del claro, escuchando, y dijo:

—Pero no creo que la Biblia diga que uno tiene que ser un idiota. Por ejemplo, algún día tal vez yo le pueda perdonar a John Andersen lo que hizo con estos árboles, pero no lo voy a olvidar. Pienso que perdonar no es dejar algo que le siga royendo a uno las entrañas. Si yo no hubiera hecho lo que hice, entonces sí que no me lo habría podido perdonar, y ésa es la pura verdad.

Asentí, y él me miró un rato.

—Cassie, mi niña, tú te pareces mucho a mí, pero eres malgeniada como tu tío Hammer. Ese mal genio te va a meter en líos.

—Sí señor.

—Ahora, en esta cuestión tuya con Lillian Jean, la mayor parte de la gente cree que tú debieras hacer lo que ella te manda... y tal vez tenga razón.

—¡Papá!

—Cassie, hay muchas cosas que a uno no le gusta hacer pero que tiene que hacer en esta vida para sobrevivir. Lo que te hizo a ti Charlie Simms me duele a mí tanto como a tu tío Hammer, pero yo tenía que pesar el daño de lo que te pasó a ti en comparación con lo que habría ocurrido si yo hubiera ido a buscar a Charlie Simms y le hubiera dado la paliza que se merecía. Entonces el daño para todos nosotros habría sido mucho mayor que el daño que tú sufriste, así que dejé pasar la cosa. No es que me gustara dejarla pasar, pero no me arrepiento de mi decisión. Sin embargo hay otras cosas, Cassie, que si las dejara pasar me roerían por dentro y al fin acabarían conmigo. Lo mismo te pasa a ti. Hay cosas en que uno no se puede echar atrás, que hay que hacerles frente. Pero tú misma tienes que resolver cuáles son esas cosas. Hay que exigir respeto en este mundo, porque no se lo dan a uno así como así. Cómo se porta uno, qué principios tiene... así es como se gana respeto. Pero, chiquilla, el respeto de nadie vale tanto como el tuyo propio. ¿Entiendes esto?

—Sí señor.

—Pues andar toda enfurruñada no tiene sentido. Aclárate la cabeza para que pienses correctamente. Luego, quiero que pienses muy bien si por Lillian Jean vale la pena plantarse, pero sin olvidar que Lillian Jean no será la única persona blanca que te trate de esa manera.

Se volvió hacia mí, me miró directo a la cara, y la seriedad de sus ojos me sorprendió. Me levantó la barbilla con la palma de su ancha mano y agregó:

—Esta decisión es muy importante, Cassie, muy importante. Quiero que lo entiendas; pero creo que la puedes tomar. Ahora, escúchame, y escúchame bien. Si tomas una decisión equivocada y tiene que intervenir Charlie Simms, entonces yo también tengo que intervenir y se arma la gorda.

—¿La gorda? ¿Como con los árboles? —murmuré yo.

—No sé. Pero podría ser grave.

Pesé sus palabras y prometí:

—El señor Simms nunca va a saber nada, papá.

—Está bien, Cassie, mi niña, cuento con eso.

Todo el mes de enero fui la esclava de Lillian Jean y ella estaba encantada de la vida. Hasta me esperaba por las mañanas con Jeremy para que le llevara los libros. Cuando sus amigas nos acompañaban, se jactaba de su amiguita negra y casi se abrazaba a sí misma de placer cuando yo le decía «señorita Lillian Jean». Cuando estábamos solas me confiaba sus secretos; el muchacho de quien estaba locamente enamorada desde hacía un año y las cosas que hacía para llamarle la atención (sin éxito, agrego de paso); los secretos de niñas a quienes no podía tragar y otras que sí; y hasta el mínimo detalle de las aventuras románticas de su hermano mayor. Para cebar la bomba de los chismes yo no tenía que hacer más que sonreírle beatíficamente y susurrarle uno que otro «señorita Lillian Jean». Así no dejaba que la fuente se secara.

Al final del día de los exámenes, salí corriendo de la clase de la señorita Crocker y atravesé de prisa el patio. Tenía afán por llegar al cruce de caminos para encontrarme con Lillian Jean. Me había propuesto salir primero de los exámenes y luego...

—¡Chico! ¡Claudio! ¡Juan Cristóbal! —grité—. Vengan todos. Allá va Stacey.

Los cuatro corrimos detrás de Stacey y Timoteo que ya iban por el camino. Cuando los alcanzamos, era obvio que la máscara de jovialidad que siempre usaba Timoteo se le había caído de la cara.

—Lo hizo adrede —decía rencoroso.

—Te pescó haciendo trampa, hombre. ¿Qué querías que hiciera? —le replicó Stacey.

—Me había podido perdonar por esta vez. No eran más que unos papelitos chiquitos. Ni falta que me hacían.

—¿Entonces para qué los tenías?

—Ah, hombre, déjame en paz. Todos los Logans se creen tanto, con sus nuevas chaquetas, y libros, y Packards. ¡Ya estoy hasta aquí de todos!

¡De su papá y de su mamá también! —agregó mirándonos con furia a mí, a Juan Cristóbal y al Chico, y dando en seguida media vuelta, huyó por el camino adelante.

—¡Timoteo, hombre! ¿A dónde vas? —le gritó Stacey. Pero el otro no hizo caso. El camino subía una colina y Timoteo despareció al otro lado.

Llegamos al cruce pero no vimos ni señas de él en el camino que conducía a casa. Stacey le preguntó a Claudio:

—¿A dónde iría?

—A la tienda, seguro —contestó Claudio avergonzado, mientras frotaba sus bien gastados zapatos uno contra otro.

—Bueno, vámonos a casa —dijo Stacey—. Mañana le pasará.

—Sigan ustedes adelante —dije yo—. Yo voy a esperar a Lillian Jean.

—¡Cassie!

—Yo los alcanzo —agregué antes de que Stacey me sermoneara—. Toma, llévame mis libros, ¿me haces el favor?

Me miró como si fuera a decir algo más, pero prefiriendo callar, empujó a los menores y los siguió.

Cuando apareció Lillian Jean suspiré con alivio viendo que sólo la acompañaba Jeremy. Hoy sería el día. Jeremy, tan desilusionado de mí como el Chico, corrió a alcanzar a Stacey. Eso también me convenía; ya sabía que eso era lo que él haría. Le recibí a Lillian Jean sus libros. Mientras caminábamos apenas la escuchaba; más me interesaba divisar un sendero que se internaba en la espesura y que yo había escogido unos días antes. Cuando lo vi, interrumpí a Lillian Jean cortésmente:

—Perdóneme, señorita Lillian Jean, pero le tengo una magnífica sorpresa... la encontré el otro día por aquí en el monte.

—¿Para mí? Eres muy buena, Cassie. ¿Dónde está?

—Venga por aquí. Yo se la muestro.

Bajé a la zanja, que estaba seca, y trepé a la otra orilla. Lillian Jean no se atrevía a seguirme.

—No hay peligro —le dije—. Está cerca. Tiene que verla, señorita Lillian Jean.

Eso bastó. Con una sonrisa de gato cruzó la zanja y subió al talud. Siguiéndome por el sendero enmarañado en medio del bosque espeso, me preguntó:

—¿Estás segura de que es por aquí, Cassie querida?

—Un poquito más allá... Ya casi llegamos... Aquí es.

Entramos en un pequeño claro con bejucos colgantes de los árboles, totalmente escondido del camino.

—Bueno, ¿la sorpresa?

—Aquí está —repuse tirando al suelo los libros de Lillian Jean.

—¿Por qué haces eso? —me preguntó más sorprendida que enfadada.

—Ya me cansé de llevarlos.

—¿Para eso me has traído hasta aquí? Pues descansa y los recoges otra vez.

En seguida, esperando que su voluntad se haría sin más ni más, se volvió y se dispuso a salir del claro.

—No me da la gana.

—¿Qué?

Su expresión de asombro era casi cómica.

—Que no me da la gana.

Palideció. En seguida, roja de cólera avanzó hacia mí y me dio una bofetada. Conste que ella me pegó primero. No esperé a que me pegara otra vez.

Arremetí contra ella con tal violencia que ambas rodamos por el suelo. Después de la primera sorpresa de sentir que yo había puesto las manos en ella, peleó lo mejor que pudo, pero no estaba preparada para medirse conmigo. Yo estaba tranquila y sabía exactamente dónde golpear. Le di en el estómago y en las asentaderas y le retorcí el pelo, pero ni una sola vez le toqué la cara; ella, gastando sus energías en airados insultos de mal gusto, me enterró a mí las uñas y me hizo un par de rasguños. Trató de repelarme pero no pudo porque yo había tenido la previsión de pedirle a Mamá Grande que me trenzara el pelo en trenzas planas contra la cabeza.

Cuando la tuve asegurada debajo de mí, la tiré sin misericordia del largo y flojo cabello exigiéndole que me pidiera perdón por todos los insultos que me había dicho, y por el incidente de Strawberry. Al principio trató de hacerse la remilgada:

—¡No le voy a pedir perdón a una negra! —dijo con impertinencia.

—¿Quiere quedarse calva, niña?

Y pidió perdón. Por ella y su papá. Por sus hermanos y su mamá. Por Strawberry y Mississippi; y cuando al fin dejé de zangolotearle la cabeza creo que habría pedido perdón por todos los pecados del mundo si se lo hubiera exigido. Una vez que la solté, corrió al otro lado del claro, de donde arrancaba el sendero. Desde allí, ya sintiéndose segura, me amenazó con decírselo a su papá.

—Dígaselo, Lillian Jean, dígaselo, y yo me encargaré de que todas sus lindas amiguitas se enteren de cómo les guarda sus secretos. Apuesto a que después de eso no le van a contar más secretos.

—¡Cassie! No puedes hacer eso. Después de que yo confié en ti...

—Cuente una sola palabra de esto, una sola que sea, a cualquier persona, Lillian Jean —dije tratando de apretar los ojos como mi papá—, y todo el mundo en la escuela Jefferson Davis va a saber de quién está enamorada y todas sus otras cosas... y usted sabe que yo sé. Además, si se enteran de esta pelea se van a reír de usted desde aquí hasta Jackson. ¡Una grandulona de trece años que se deja pegar de una niña de nueve como yo!

Ya me retiraba por el sendero muy satisfecha de mí misma cuando Lillian Jean me preguntó desconcertada:

—Pero, Cassie, ¿por qué?... Si eras tan buena conmigo...

La miré sorprendida. En seguida me volví y me fui, no queriendo creer que Lillian Jean ni siquiera se daba cuenta de que había sido víctima de una burla.

—¡Cassie Logan!

—¿Sí, señorita Crocker?

—Es la tercera vez que te sorprendo hoy como en las nubes. Que la semana pasada sacaras el primer puesto en el examen no quiere decir nada esta semana. Estamos empezando un nuevo trimestre y todos tienen una hoja limpia. No vas a sacar 10 soñando despierta. ¿Entiendes?

—Sí señora —contesté sin tomarme el trabajo de decirle que como ella repetía tanto, lo único que uno tenía que hacer era escucharla los primeros minutos de la clase y luego quedaba libre para soñar.

—Será mejor que vayas a sentarte atrás donde no estés tan cómoda —dijo—. Así tal vez pondrás más atención.

—Pero...

La señorita Crocker levantó la mano, indicando que no quería oír ni una palabra más, y me desterró a la última fila, frente a la ventana. Me senté en un banco frío que desocupó prontamente su anterior ocupante para ir a tomar el puesto calentito cerca de la estufa que yo acababa de dejar. Tan pronto como la maestra volvió la cara, murmuré algunas frases de indignación, luego me envolví en mi suéter de Navidad. Traté de poner atención, pero el frío que se colaba por debajo del marco de la ventana hacía esto imposible. No pudiendo resistir más, resolví tapar el chiflón cubriendo el antepecho de la ventana con papeles arrancados de mi cuaderno. Estando en esta operación, vi pasar bajo la ventana a un hombre. Era Kaleb Wallace.

Levanté la mano.

—Con su permiso, señorita Crocker... Tengo que ir a...

Una vez libre de la señorita Crocker, corrí al frente del edificio. Kaleb Wallace estaba parado enfrente de la entrada de séptimo grado hablando con el señor Wellever y dos hombres blancos a quienes yo no distinguía bien desde el lugar donde me encontraba. Cuando entraron al edificio, corrí a la parte de atrás y trepé con mucho cuidado sobre un montón de leña apilada allí. Cautelosamente me asomé por una ventana rota al aula de clase de mi mamá. En ese momento entraban los hombres, Kaleb Wallace el primero, en seguida un hombre a quien yo no conocía, y detrás el señor Harlan Granger.

Mi mamá pareció sorprenderse con la visita, pero sólo hizo una inclinación de cabeza y siguió adelante con su clase cuando el señor Granger le dijo:

—Mary, hemos estado oyendo hablar de su enseñanza, y como miembros de la Junta de Educación resolvimos venir a ver si aprendemos algo.

El señor Wellever salió un momento y volvió con tres sillas plegadizas para los visitantes. El permaneció de pie.

Mi mamá estaba en la mitad de la clase de historia y yo sabía que eso era peligroso. Sin duda Stacey también lo sabía porque estaba tenso, en un puesto al fondo del salón, con los labios apretados, y los ojos clavados en los visitantes. Pero mi madre no se inmutó. Historia era la primera clase que daba por la mañana, cuando los alumnos estaban más despiertos, y la hora no había concluido aún. Para colmo de males, la lección de ese día versaba sobre la esclavitud. Habló de la crueldad de ese sistema, del rico ciclo económico que generaba, produciendo los esclavos la materia prima para las fábricas del Norte y de Europa; de cómo el país se beneficiaba y crecía con el trabajo gratuito de un pueblo no libre aún.

Antes de que terminara, el señor Granger

tomó un libro de un alumno, lo abrió por la contracubierta con la hoja pegada, frunció los labios y la interrumpió diciendo:

—Yo creía que estos libros eran de propiedad del distrito.

Mi mamá volvió a mirar, pero no contestó. El señor Granger volvió las páginas, leyó algo, y añadió:

—Esas cosas que usted está enseñando no las veo aquí.

—No, porque no están allí —replicó mi mamá.

—Pues si no están, no tiene por qué enseñarlas. El libro fue aprobado por la Junta de Educación y usted debe enseñar lo que está allí.

—Eso no lo puedo hacer.

—¿Por qué no?

—Porque no todo lo que está en el libro es verdad —contestó ella, erguida la espalda y los ojos fijos en los visitantes.

El señor Granger se puso en pie. Volvió a dejar el libro en el pupitre del estudiante y se dirigió a la puerta. El otro miembro de la Junta y Kaleb Wallace lo siguieron. Desde la puerta le dijo:

—Usted debe saber mucho, Mary, mucho más que el tipo que escribió el libro. Y más que la Junta de Educación, sin duda.

Mi mamá guardó silencio y el señor Wellever no le dio ningún apoyo. El señor Granger, poniéndose el sombrero, continuó:

—La verdad, sabe tanto que lo mejor será que

se olvide de la enseñanza... así le quedará tiempo para escribir su propio libro.

Con esto, le volvió la espalda, lanzó una mirada al señor Wellever para estar seguro de que había entendido claramente lo que él quería decir, y se fue seguido de sus acompañantes.

Esperamos a mi mamá después de la escuela. Stacey había mandado a Timoteo y a Claudio adelante, y nosotros cuatro, pacientes y silenciosos, estábamos sentados en las escaleras cuando ella salió. Nos sonrió, sin mostrar sorpresa de encontrarnos allí.

Yo la miré, pero no podía hablar. Hasta entonces no había pensado nunca en la enseñanza que ella impartía, como si eso fuera apenas parte de ser mamá. Pero ahora que ya no podría seguir enseñando, me invadían el resentimiento y la cólera y sentía odio contra el señor Granger.

—¿Ya lo saben? —nos preguntó. Contestamos afirmativamente mientras ella descendía las escaleras. Stacey tomó una de las manijas de su pesado maletín y yo la otra. Juan Cristóbal y el Chico le tomaron una mano cada uno y nos pusimos en marcha. Cuando salimos al camino Juan Cristóbal dijo:

—Mamá, ¿nunca más vas a poder volver a enseñar?

—Tal vez en otra parte sí, hijito; aquí no, al menos por ahora...

—Pero ¿por qué, mamá, por qué? —preguntó el Chico.

Mi mamá se mordió el labio inferior y miró al suelo. Al fin dijo:

—Por enseñar cosas que algunas personas no quieren oír.

Cuando llegamos a casa mi papá y el señor Morrison estaban en la cocina con Mamá Grande, tomando café. Desde que entramos, mi papá notó la expresión de dolor en el rostro de mi madre.

—¿Qué pasó? —preguntó.

—Me despidieron —repuso ella sentándose a su lado. Se echó atrás un mechón rebelde que se había salido del moño, pero se le volvió a caer sobre la cara, y entonces lo dejó allí. Mamá Grande puso su taza sobre la mesa sin decir una palabra. Mi papá estiró la mano y tocó a mi mamá. Ella explicó:

—Harlan Granger vino a la escuela con Kaleb Wallace y un miembro de la Junta de Educación. Alguien les había contado lo de los libros a los que les pegué hojas de papel... pero eso no era más que un pretexto. Lo que hay es que se están vengando de nosotros en toda forma posible por estar comprando en Vicksburg... ¿Qué vamos a hacer, David? Ese empleo lo necesitábamos.

Mi papá le empujó suavemente el mechón rebelde sobre la oreja.

—Ya veremos... Tal vez sembrando más algodón... De alguna manera saldremos adelante.

Su voz era segura, tranquilizadora. Mi madre se puso de pie.

—¿A dónde vas, hija? —le preguntó Mamá Grande.

—Afuera. Quiero caminar un poco.

Juan Cristóbal, el Chico y yo corrimos tras ella, pero mi papá nos detuvo:

—Dejen en paz a su mamá —nos dijo.

Nos quedamos viéndola alejarse lentamente por el patio de atrás y la árida huerta en dirección al prado del Sur. El señor Morrison dijo:

—Ahora que está usted aquí, señor Logan, a mí ya no me necesitan. Tal vez pueda conseguir algún trabajo por aquí... y ayudarles un poco...

—No hay necesidad de eso —repuso mi padre—. Al fin y al cabo, yo no le estoy pagando nada.

El señor Morrison dijo suavemente:

—Tengo una buena casa donde vivir, la mejor cocina que un hombre puede desear, y por primera vez en muchos años tengo una familia. Eso es paga más que suficiente.

—Usted es muy bondadoso, señor Morrison, y le agradezco su oferta, pero dentro de unas pocas semanas yo tengo que irme, y prefiero que usted se quede aquí.

Su mirada se dirigió otra vez a mi mamá, que ya era sólo una diminuta figura en la distancia. Juan Cristóbal se le acercó y dijo:

—¿No le va a pasar nada a mamá?

El lo abrazó, lo acercó aún más y repuso:

—Hijo, tu mamá nació para enseñar, como el sol para dar luz. Y va a ser muy duro para ella no poder enseñar. Va a ser realmente duro porque desde que estaba muy chiquita, allá en el Delta, quería ser maestra.

—Y mi abuelito también quería, ¿no es cierto?

—Sí. Tu mamá era su hijita menor, y él todo centavo que se ganaba lo guardaba para su educación... y eso no era fácil para él porque cultivaba la tierra como arrendatario y nunca tenía mucho dinero en efectivo. Pero le había prometido a tu abuela, antes de que ella muriera, que él respondería por la educación de tu mamá, y cuando tuvo edad para ir al bachillerato, la mandó a la escuela a Jackson y después a la escuela normal. Cuando estaba en el último año, el abuelo se murió, y por eso tu mamá vino a enseñar aquí en lugar de regresar al Delta.

—Y se casaron y no volvió más allá —interpuso el Chico.

Mi papá le sonrió débilmente y se puso de pie.

—Así fue, hijo. Ella tenía mucho talento y era muy linda para que yo la dejara escapar.

Otra vez se inclinó a mirar por la ventana y volvió a dirigirse a nosotros:

—Su mamá es una mujer fuerte, magnífica, y esto no la va a apabullar... pero sí le va a dar muy duro. Así que yo espero que ustedes sean especialmente considerados con ella en estos días. ¿Me entienden?

—Sí señor, papá —contestamos todos.

Nos dejó solos y salió al porche de atrás. Allí estuvo un rato recostado sobre un pilar, mirando en dirección al prado. Después bajó al patio y cruzó la huerta para ir a reunirse con mi mamá.

—¿Timoteo? ¿Estás seguro? —le preguntaba al otro día Stacey a Willie Wiggins a la hora del recreo. Willie, con gesto hosco, contestó:

—Yo mismo lo oí. También lo oyó Clarence. Estábamos a su lado en la tienda cuando le contó al señor Kaleb. Le contó que la señora Logan lo había reprobado adrede y después dijo que no era una buena maestra y que ella era la que no dejaba que la gente fuera a su tienda. Y también la acusó de que estaba destruyendo la propiedad de la escuela... hablando de los libros esos...

—¿Quién se encarga de él? —grité yo.

—Cállate, Cassie —dijo Stacey—. ¿Cómo es que apenas ahora nos cuentas esto, Willie?

—Bueno, es que Timoteo me engañó. Clarence y yo le dijimos que íbamos a contar apenas saliéramos de la tienda, pero él nos pidió que no contáramos. Nos dijo que iba a volver y les iba a decir que no era más que una broma lo que les había dicho. Y sí volvió a entrar, y yo pensé que no iba a pasar nada. No contamos nada antes porque Clarence y yo... tampoco debíamos haber ido allá. Pero entonces vino el señor Granger y despidió a la señora Logan. Tuvo que ser por lo que les dijo Timoteo.

—Claro, y él lo sabe muy bien —apunté yo—. Por eso hoy no ha venido a la escuela.

—Se está haciendo el enfermo —dijo Juan Cristóbal.

—Si no está enfermo, va a estar muy enfermo —profetizó el Chico, apretando sus diminutos puños para la acción—. ¡Andar acusando a mi mamá!

Después de la escuela, cuando Claudio tomó el sendero del bosque que conducía a su casa, todos lo seguimos. Cuando salimos del bosque al patio de los Averys, la casa parecía desierta, pero luego descubrimos a Timoteo que se mecía perezosamente a horcajadas en un neumático colgado de un viejo roble. Al instante Stacey fue hacia él. Cuando Timoteo lo vio, quiso sacar las largas piernas del neumático para escapar, pero no tuvo tiempo. Stacey saltó sobre él, dando un fuerte empellón al improvisado columpio antes de que ambos dieran pesadamente sobre una azalea de la señora Avery.

—Hombre, ¿qué es eso? Mi mamá me va a matar cuando vea sus azaleas —dijo Timoteo cuando pudo recuperarse un poco. Pero Stacey lo agarró por el pescuezo y lo sacudió con violencia gritándole:

—¡Tú fuiste! ¡Tú fuiste!

—¿Yo fui qué? ¿Yo qué he hecho? —dijo el otro aparentando una completa sorpresa.

—¿Tú contaste? ¿Les contaste a los Wallaces de mi mamá?

—¿Yo? —preguntó Timoteo—. ¿Yo? Hombre, tú me conoces...

—Sí que te conoce —dije yo—. ¿Por qué crees que estamos aquí?

—Espera, espera un momento —objetó Timoteo—. Yo no sé quién te habrá ido con chismes, pero yo no les he dicho nada a los Wallaces.

—Estuviste allá —dijo Stacey—. El día que mi mamá te pescó haciendo trampa te fuiste a la tienda de Wallace.

—Bueno, eso no quiere decir nada —replicó Timoteo soltándose de la garra de Stacey y poniéndose en pie—. Mi papá me da permiso de ir si yo quiero. Pero eso no quiere decir que yo les haya contado nada.

—Sabemos que les contaste un montón de cosas... que mi mamá no sabía nada y que ni siquiera enseñaba lo que debía enseñar...

—Falso, falso. Nunca he dicho eso. Todo lo que les dije fue que ella...

Se contuvo dándose cuenta de que se le había ido la lengua y empezó a reírse con una risita nerviosa.

—Oigan, oigan, yo no sé por qué sería que despidieron a la señora Logan, pero yo no he dicho nada para que la despidieran. Todo lo que dije fue que me había reprobado otra vez. Uno tiene derecho de estar disgustado por una cosa así, ¿no es cierto?

—Tal vez —dijo Stacey—; pero no tiene derecho de ser suelto de lengua y andar contando cosas que no se deben decir.

Timoteo dio un paso atrás y miró por encima del hombro hacia el Sur donde los campos estaban en barbecho. Por el camino de herradura hendido por las huellas de los carros venía desde la lejana mansión de Granger una mujer delgada. Esta aparición pareció darle ánimos y adoptó otra vez una actitud altiva:

—No sé quién habrá estado llevando cuentos, pero no he sido yo.

Pasó un instante de silencio, y luego Stacey, con mirada fría y acusadora, dijo tranquilamente:

—Claro que fuiste tú, Timoteo. Tú fuiste.

Nos hizo señas de que volviéramos hacia el bosque. El Chico se sintió defraudado:

—¿No le vas a pegar? —exclamó.

—Lo que le va a pasar es peor que pegarle.

—¿Qué puede ser peor? —preguntó Juan Cristóbal.

—Ya lo verás —repuso Stacey—. Y Timoteo también.

El primer día que volvió a la escuela Timoteo,

234

después de casi una semana de ausencia, no fue propiamente un éxito. Para no encontrarse con nosotros llegó tarde, pero los demás alumnos lo esquivaban. Al principio fingió que esa actitud lo tenía sin cuidado, pero ya por la tarde a la salida de la escuela corrió tras de nosotros para tratar de convencernos de que él era víctima de las circunstancias.

—Hola, no creerán lo que Willie dijo contra mí, ¿no?

—¿Todavía sostienes que lo que dijo Willie son mentiras? —le preguntó Stacey.

—¡Claro que sí! Si agarro a ese bellaco lo voy a volver pulpa. Dizque andar diciéndole a todo el mundo que yo hice despedir a la señora Logan. Ya nadie me habla. Seguro que Willie fue el que les contó a los Wallaces y ahora se quiere librar diciendo que fui yo...

—Ah, no mientas más, Timoteo —dije yo—. Nadie te cree.

—Bueno, ya sabía que tú no, Cassie. Tú no me quieres.

—Por lo menos eso es cierto —contesté.

Entonces se volvió a mis hermanitos sonriéndoles:

—Pero aquí mi compañero Juan Cristóbal sí cree, ¿no es verdad? Y tú y yo, Chico, siempre somos amigos, ¿no?

El Chico lo miró indignado pero antes de que pudiera contestar, habló Juan Cristóbal:

—Tú denunciaste a mi mamá, Timoteo. Ahora está triste porque ya no puede enseñar en la escuela, y nosotros no te queremos más.

—Sí —afirmó el Chico.

Timoteo se quedó mirando a Juan Cristóbal sin poder creer que hubiera dicho semejante cosa. Rió nerviosamente:

—No sé qué es lo que les pasa. Todos se han vuelto locos.

—Escucha —dijo Stacey deteniéndose—; primero les vas a meter chismes a los Wallaces y después le echas la culpa a Willie por lo que tú hiciste. ¿Por qué no confiesas que fuiste tú?

—¡Hola, hombre! —exclamó Timoteo con su fácil sonrisa; pero viendo que ya ni ésta ni las buenas palabras le daban resultado, agregó—: Bueno, está bien. Tal vez sí dije algo sobre la señora Logan, y ¿qué? Ni siquiera me acuerdo de haber dicho nada, pero si Willie y Clarence dicen que sí, pues tal vez sí. En todo caso, siento mucho que tu mamá perdiera su puesto y...

Todos, incluso Claudio, lo miramos con repugnancia y nos alejamos de él. Nos siguió, diciendo:

—Esperen, esperen... Ya dije que lo sentía mucho, ¿no? ¿Qué más puedo hacer? Hola, espérenme. ¡Yo soy el mismo Timoteo de siempre! Yo no he cambiado. No se pueden volver todos contra mí sólo porque...

—Tú fuiste el que te volviste contra nosotros

—le contestó Stacey por encima del hombro—. Déjanos en paz. No queremos nada contigo.

Comprendiendo por primera vez que ya no éramos sus amigos, Timoteo se paró. Quedándose solo en medio del camino, nos gritó:

—¿Quién necesita de ustedes? Hace tiempo que estoy harto de que anden conmigo, pero por ser bueno no se lo había dicho... Debí saberlo. Qué pareceré yo con una partida de chiquillos a mi alrededor a todas horas y yo ya de catorce años, casi hombre...

Seguimos andando sin detenernos.

—¡Tengo otros amigos mejores que ustedes! Me dan cosas y me tratan como hombre... y son blancos.

Su voz se la llevó el viento y nos alejamos sin oír más.

IX

Primavera. Se coló sin ser vista dentro de la expectante tierra roja a principios de marzo, ablandando el suelo duro para la siembra próxima y despertando la vida que había dormitado plácidamente durante el frío del invierno. Para fines de marzo estaba en todas partes: en el establo donde mugían tres terneritos nuevos y piaban los pollitos de color de la suave luz del sol; en el patio donde la glicina y el cornejo se preparaban para su florescencia anual de Pascua, y la higuera echaba botones precursores de jugosa fruta parda que mis hermanos y yo tendríamos que disputarle a la mula porque le encantaban los higos; y en el olor de la tierra misma. Empapada en agua, fresca, llena de vida, la primavera nos envolvía a todos.

Yo anhelaba volver a salir a los campos, sentir otra vez bajo mis plantas la tierra húmeda y blanda de los surcos; ansiaba andar descalza por el bosque fresco, abrazar los árboles, sentarme bajo su sombra protectora. Pero aun cuando toda criatura viva sabía que era primavera, la señorita Crocker y las demás maestras como que no lo sabían, pues la escuela seguía y seguía y no se acababa nunca. La última semana de marzo cuando mi papá y el señor Morrison empezaron a arar el campo del Este, yo me ofrecí a sacrificar la escuela para ayudarles. Mi oferta no fue aceptada y tuve que seguir asistiendo otra semana más a la escuela.

—Creo que no los veré más después del viernes entrante —dijo Jeremy una tarde cuando nos acercábamos a su sendero del bosque.

—Seguramente no —repuso Stacey.

—Qué bueno sería que nuestras escuelas terminaran al mismo tiempo.

—¡Estás loco! —exclamé recordando que la escuela Jefferson Davis no se cerraba hasta mediados de mayo. Jeremy se disculpó:

—Yo sólo pensé que nos podíamos seguir viendo... ¿Tal vez podría ir a visitarlos de vez en cuando? —agregó con entusiasmo.

Stacey sacudió la cabeza.

—No creo que a mi papá le gustaría.

—Bueno... yo pensé... Me voy a sentir solo sin ustedes.

—¿Solo? —dije yo—. ¿Con todos los hermanos y hermanas que tienes?

—Los chiquitos son muy chiquitos para jugar con ellos —contestó—; y Lillian Jean, y Roberto y Melvin, pues no me gustan.

—¿Qué estás diciendo? —preguntó Stacey—. Uno no puede no querer a su hermana y a sus hermanos.

—Yo sí lo entiendo —dije yo—. A mí tampoco me gustan.

—Pero son su familia. Uno tiene que querer a su familia.

Jeremy consideró esto un momento. Sonrió con una sonrisa secreta para sí mismo y dijo:

—Bueno, Lillian Jean está bien; ya no es tan fastidiosa desde que Cassie dejó de ser su amiga. Pero Roberto y Melvin no son buenos. Si vieran cómo tratan a Timoteo...

Stacey se detuvo.

—¿Cómo lo tratan?

—No sé —dijo Jeremy cortado, como arrepentido de haber mencionado este asunto—. Pero no lo tratan bien.

—¿En qué forma?

—Yo creía que ya no eras amigo de él.

—Bueno... no somos amigos; pero dicen que anda con Roberto y Melvin. ¿Por qué? Esos hermanos tuyos deben andar en los dieciocho o diecinueve años.

Jeremy miró al sol, apretó los ojos, luego dirigió la mirada al sendero del bosque unos pocos pasos adelante.

—Trajeron a Timoteo a la casa un par de veces cuando mi papá no estaba. Lo trataron casi como amigos, pero cuando se fue se rieron de él y le pusieron apodos... Bueno, tengo que irme; adiós, nos vemos mañana.

—Mamá, ¿por qué crees que Roberto y Melvin andan con Timoteo? —pregunté mientras medía dos cucharadas de harina para el pan de maíz.

Ella frunció las cejas viendo el barril de la harina:

—Una sola cucharada, Cassie, y no rebosada.

—Si siempre le ponemos dos, mamá.

—Este barril nos tiene que durar hasta que papá regrese al ferrocarril. Echala otra vez.

Volviendo a echar la cucharada de harina en el barril, insistí:

—¿Qué dices, mamá? ¿Por qué andarán los Simms con Timoteo? Mi mamá midió la levadura en polvo y me la pasó. Era una cucharadita menos de lo que habíamos venido usando, pero no le quise preguntar por qué. También se estaba agotando. Ella volvió a la estufa a revolver leche con los fríjoles en mantequilla.

—No sé por qué será, Cassie. Querrán tenerlo a su lado porque los hace sentirse bien.

—Cuanto Timoteo está conmigo no me hace sentir bien.

—Bueno, me has dicho que Jeremy te contó que se ríen de él a sus espaldas. Hay personas que quieren tener a otras en su compañía sólo para divertirse... para burlarse de ellas.

—Timoteo se debía dar cuenta de que se burlan de él. ¿Tú crees que es tonto?

—No es tonto, Cassie. Sólo quiere que le presten atención, pero ha escogido un mal camino.

Iba a preguntar para qué podía servirle Timoteo a alguien, pero me interrumpió el Chico que entró corriendo en la cocina:

—Mamá, acaba de llegar el señor Jamison.

El Chico había estado en el establo limpiando el gallinero con Juan Cristóbal y tenía la cabeza llena de paja. Me dio risa verlo así, pero no me dio tiempo de hacerle alguna broma porque otra vez salió pitando. Mi mamá le lanzó a Mamá Grande una mirada inquisitiva y salió tras el Chico. Yo pensé que el pan de maíz podía esperar y volé en pos de ella.

—Niña, ¡ven acá y acaba de mezclar la masa! —me ordenó la abuela.

—Sí señora, ya voy —dije, y antes de que ella me pudiera detener, me escapé por la puerta de atrás y corrí a la entrada de coches. El señor Jamison saludó a mi mamá llevándose la mano al ala del sombrero:

—¿Cómo está usted, señora Logan?

—Muy bien, gracias; ¿y usted, señor Jamison?

—Bien, bien —repuso distraídamente—. ¿Está David?

—Está en el campo del Este. ¿Por qué? ¿Ha pasado algo?

—No, no... Sólo quería hablar con él.

—Chico —dijo mi mamá volviéndose hacia mi hermano—, ve a llamar a tu papá.

—No, no es necesario —dijo el señor Jamison—. Yo voy hasta allá. El ejercicio me hará bien.

Después de hablar unas pocas palabras conmigo cruzó el patio y se dirigió al campo. El Chico y yo quisimos acompañarlo, pero mi mamá nos llamó y nos ordenó volver a nuestros quehaceres.

El señor Jamison no tardó mucho. Unos pocos minutos más tarde volvió del campo, solo; tomó su automóvil y se marchó.

Cuando estuvo lista la comida, me apoderé de la campana de hierro antes de que la pudieran agarrar Juan Cristóbal o el Chico, y corrí al porche de atrás para llamar a mi papá, al señor Morrison y a Stacey que estaban trabajando. Los tres se lavaban la cara y las manos en el porche y mi mamá se dirigió al extremo donde mi papá estaba solo:

—¿Qué quería el señor Jamison? —le preguntó en una voz que apenas se oía. El recibió la toalla que ella le ofrecía, pero no contestó inmediatamente. Yo estaba adentro, en la cocina, sacando los fríjoles de la olla. Me acerqué más a la ventana para oír su respuesta.

—No me guardes secretos, David. Si hay algún problema, yo quiero saberlo.

—No hay por qué preocuparse, querida... No es sino que Thurston Wallace como que anda diciendo que no va a permitir que unos cuantos negros sabihondos le arruinen su negocio. Dice que va a acabar con eso de que estén haciendo las compras en Vicksburg.

Mi mamá dio un suspiro y paseó la mirada por el campo arado hasta el confín de la pradera en declive.

—Tengo miedo, David.

—Todavía no, Mary —dijo él dejando la toalla a un lado—. Todavía no es tiempo de tener miedo. Apenas están hablando.

—¿Y cuando acaben de hablar?

—Entonces... entonces tal vez sí será tiempo. Pero por ahora, mi linda señora, por ahora tengo otras cosas mejores en qué pensar.

Y diciendo esto la tomó de la mano y la condujo hacia la puerta de la cocina. Yo eché rápidamente lo que quedaba de los fríjoles en la escudilla y la llevé a la mesa. Cuando mamá y papá entraban, me senté en la banca al lado del Chico y de Juan Cristóbal.

—¡Miren, miren esto! —exclamó mi papá con alegría—. ¡Fríjoles en mantequilla y pan de maíz! Señor Morrison, venga usted. Y tú hijo, ven, siéntate. Estas mujeres nos han preparado todo un banquete.

Después de que terminó el año escolar, la primavera se convirtió en verano; pero mi papá no se iba a trabajar en el ferrocarril. Parecía que estuviera esperando algo. Fuera lo que fuera, pensaba yo en secreto, ojalá nunca llegara para que él no tuviera que marcharse. Pero una tarde, estando él, mi mamá, Mamá Grande, el señor Morrison y Stacey sentados en el porche mientras mis hermanos menores y yo perseguíamos luciérnagas en el patio, alcancé a oír que decía:

—El domingo tendré que irme, aun cuando no quisiera. Tengo una corazonada de que esto no ha terminado aún. Sería demasiado fácil.

Solté la luciérnaga que tenía aprisionada en la mano y fui a sentarme al lado de mi papá y de Stacey.

—Papá —dije recostándome en su pierna—, por favor no te vayas este año.

Stacey miraba a la noche que caía, con una expresión resignada, en silencio. Mi papá me hizo una caricia:

—Tengo que irme, Cassie, mi niña. Tenemos cuentas que pagar y no entra dinero. Tu mamá no tendrá empleo cuando entre el otoño y hay que pensar en la hipoteca y en los impuestos del año entrante.

—Pero este año sembramos más algodón. ¿Con eso no se pagan los impuestos?

—Gracias a que estaba con nosotros el señor Morrison, pudimos sembrar más algodón, pero de ese algodón tenemos que vivir; el dinero del ferrocarril es para los impuestos y la hipoteca.

Miré a mi mamá esperando que hablara, que lo convenciera para que se quedara en casa, pero por su expresión comprendí que no lo haría. Ella sabía que él tenía que irse, como lo sabíamos todos.

—Papá, otra semanita o dos... ¿no podrías?

—No puedo, nenita. Ya puedo haber perdido el puesto.

—Pero papá...

—Cassie, basta —dijo mi mamá.

Oscurecía. Yo me callé. Mi papá nos echó encima los brazos a Stacey y a mí, cayendo sus manos sobre nuestros hombros.

—Alguien viene —exclamó el Chico desde el borde del patio, hasta donde él y Juan Cristóbal se habían aventurado persiguiendo luciérnagas; y pocos minutos después aparecieron en el crepúsculo el señor Avery y el señor Lanier subiendo hacia la casa. Mi mamá nos mandó a Stacey y a mí a sacar más sillas al porche, luego nos acomodamos otra vez al lado de mi papá, que continuaba sentado en los escalones de acceso, de espaldas a un pilar y dando frente a los visitantes.

—¿Va a ir a la tienda mañana, David? —preguntó el señor Avery después de los saludos de rigor. Después del primer viaje en enero, el señor Morrison había vuelto una vez más a Vicksburg, pero mi papá no lo había acompañado.

—Su señora trajo ayer la lista de las cosas que ustedes necesitan. El señor Morrison y yo vamos pasado mañana.

El señor Avery se aclaró la garganta nerviosamente.

—Es... es por esa lista que he venido, David... Ya no quiero esas cosas.

En el porche se hizo silencio. Como nadie decía nada, el señor Avery se volvió al señor Lanier, y el señor Lanier sacudió la cabeza y agregó:

—El señor Granger nos está apretando mucho, David. Dice que le tenemos que entregar sesenta por ciento del algodón en lugar de cincuenta... cuando el algodón ya está sembrado y es muy tarde para sembrar más... Aun cuando no creo que eso importe mucho. A como se vende hoy el algodón, parece que cuanto más sembramos, menos dinero recibimos —la tos del señor Avery lo interrumpió, y esperó pacientemente a que a su amigo le pasara el acceso para continuar:

—Me va a costar mucho trabajo pagar la deuda en Vicksburg, David, pero la pagaré... Quiero que usted lo sepa.

—Me imagino que Montier y Harrison subirían también sus porcentajes —dijo mi papá mirando hacia el camino.

—Montier sí —repuso el señor Avery—, pero que yo sepa, Harrison no lo ha subido. Es un tipo decente.

—No faltaba más —suspiró mi madre.

Mi papá seguía mirando a la oscuridad.

—Cuarenta por ciento. Si uno se ha acostumbrado a vivir con el cincuenta supongo que también podrá vivir con el cuarenta... si se propone de veras.

El señor Avery sacudió la cabeza.

—Los tiempos son muy difíciles.

—Son difíciles para todos —observó mi papá.

—Ya lo sé —dijo el señor Avery carraspeando—. Yo estoy muy apenado por lo que hizo Timoteo...

—Yo no me refería a eso —repuso mi papá.

El señor Avery movió la cabeza, apocado, luego se echó hacia adelante en su asiento y clavó la mirada en el bosque.

—Pero eso no fue todo lo que dijo el señor Granger. Dijo también que si no dejamos de hacer las compras en Vicksburg tenemos que salir de su tierra. Que está cansado de que le armemos bochinches contra la gente blanca decente. Y luego, los Wallaces vinieron a mi casa, y a la del hermano Lanier y a las casas de todos los que les deben dinero. Dijeron que si no tenemos

249

con qué pagar, que nos van a echar con la autoridad... mandarnos a trabajos forzados para que descontemos las deudas.

—¡Por Dios santo! —exclamó Mamá Grande.

El señor Lanier agregó:

—Tenemos que ir mañana a su tienda en prueba de buena fe.

Otra vez le sobrevino al señor Avery el acceso de tos, y durante un rato no hubo más que la tos y el silencio. Cuando pasó el acceso, el señor Lanier dijo:

—Le he pedido a Dios que hubiera una manera de poder seguir en el plan, pero no nos podemos dejar mandar a la cuerda de presos, David.

—Espero que no, Silas —dijo mi padre. El señor Avery rió un poquito:

—Por lo menos les dimos un buen susto, ¿no es verdad?

—Sí, claro que sí —dijo mi papá.

Cuando los visitantes se fueron, Stacey dijo:

—¡Cobardes! ¿Con qué derecho se salen del plan? A la primera amenaza de los Wallaces salen corriendo como una partida de conejos asustados...

Mi padre se incorporó de súbito y agarrando a Stacey lo hizo levantarse también:

—Tú, muchacho, no te creas tan grande que andes metiendo la cucharada en cosas que no entiendes. Estos hombres están haciendo lo que tienen que hacer. ¿Tú tienes idea de los riesgos que corrieron con sólo atreverse a hacer compras en Vicksburg? Si los condenan a trabajos forzados, sus familias se quedan en la calle. Los sacan de la parcela de tierra que cultivan y no tienen adónde ir. ¿Entiendes eso?

—Sí señor —contestó Stacey.

Mi papá lo soltó y siguió mirando a la noche.

—Tú naciste con suerte, muchacho, con tierra propia. Si no, estarías clamando por ella, tratando de sobrevivir... como el señor Lanier y el señor Avery. Tal vez haciendo lo mismo que ellos están haciendo ahora. Es duro para un hombre tener que ceder, pero hay veces en que parece que no hay nada más que hacer.

—Lo siento... lo siento mucho, papá —balbució Stacey.

Después de un momento mi papá le echó el brazo al hombro.

—Papá —dije yo parándome para unirme a ellos—, ¿nosotros también vamos a ceder?

Me miró y me acercó hacia él; luego, señalando con la mano hacia el sendero de entrada:

—¿Ves esa higuera que está allá, Cassie? Esos otros árboles alrededor... ese roble y ese nogal son mucho más grandes y dan tanta sombra que casi tapan a la pequeña higuera. Pero la higuera tiene raíces profundas y pertenece al patio tanto como el roble y el nogal. Sigue floreciendo y dando buena fruta año tras año, sabiendo todo el tiempo que nunca crecerá tanto como los otros árboles. Sencillamente, sigue creciendo y haciendo lo que tiene que hacer. No cede. Si cediera, se moriría. Y nos da una lección, Cassie, mi niña, porque nosotros somos como la higuera. Seguimos haciendo lo que tenemos que hacer. Y no cedemos. No podemos ceder.

Después de que el señor Morrison se retiró a su propia casa y Mamá Grande, mis hermanos y yo nos fuimos a acostar, mi papá y mi mamá se quedaron en el porche conversando en tono muy bajo. Era reconfortante escucharlos: la voz de mi mamá un cálido murmullo cadencioso, la de mi papá un zumbido fluido y tranquilo. Después de unos minutos abandonaron el porche y las voces se hicieron casi imperceptibles. Me salí de la cama, teniendo buen cuidado de no ir a despertar a Mamá Grande, y fui a la ventana. Paseaban lentamente por el prado bajo la Luna, abrazados.

—Lo primero que voy a hacer mañana por la mañana es ir a verificar cuántos quedan en el plan —dijo mi papá deteniéndose bajo el roble cerca de la casa—. Quiero averiguarlo antes de hacer el viaje a Vicksburg.

—Yo creo que tú y el señor Morrison no deben ir a Vicksburg —dijo mi mamá—, ahora que los Wallaces están amenazando a la gente en esa forma. Es mejor que esperes un poco.

Mi papá arrancó una ramita del árbol.

—No podemos dejar de atender a los negocios por causa de los Wallaces, Mary. Tú lo sabes.

Mi mamá calló. El se recostó en el tronco.

—Pienso llevar a Stacey conmigo.

—No, David, no...

—El mes entrante cumple trece años, querida, y necesita pasar más tiempo conmigo. No lo puedo llevar al ferrocarril pero aquí sí lo puedo llevar adonde yo vaya. Y quiero que aprenda de negocios... cómo atenderlos, cómo encargarse de las cosas cuando yo no esté.

—David, apenas es un niño.

—Nena, un niño que llega a la edad de Stacey por aquí es ya casi un hombre. Tiene que aprender las cosas de los hombres. Tiene que aprender cómo comportarse.

—Sí, eso es cierto, pero...

—Mary, quiero que sea fuerte... No un majadero como Timoteo.

—Tiene mucho talento y sabe mucho para ser así.

—Ya lo sé; pero sin embargo, me preocupa ver cómo se ha vuelto Timoteo.

—A Joe Avery no parece preocuparle. No se ve que haga nada para corregirlo.

Mi papá dejó pasar un momento de silencio antes de responder:

—Querida, tú nunca has sido rencorosa.

—No le tengo rencor —dijo ella cruzándose

de brazos—. Pero es que ese muchacho se ha desmandado del todo y nadie hace nada.

—El otro día Joe me decía que ya no podía con Timoteo. Eso es duro de reconocer para un padre.

—Le podía aplicar un poco de cuero de vaca en las asentaderas, ¿no?

Era evidente que el problema del señor Avery no la convencía.

—Me contó que eso lo había ensayado, pero tiene tan mala salud que acabó con un acceso de tos. Se enfermó, tuvo que acostarse. Después fue Fannie quien trató de darle su mano de azotes, pero Timoteo tiene más fuerza que ella y no sirvió de nada... Entiendo que también está muy altanero.

—Pues altanero o no, tienen que encontrar la manera de volverlo al buen camino, o si no, ese muchacho va a acabar mal.

Mi papá dio un gran suspiro y se apartó del árbol.

—Entremos ya. Tengo que madrugar para alcanzar a visitarlos a todos.

—¿Insistes en ir a Vicksburg?

—Ya te he dicho que sí.

Mamá rió, ligeramente exasperada:

—No sé por qué no me casé más bien con el dulce y tranquilo Ronald Carter o con el suave Harold Davis.

El la rodeó con sus brazos.

—Mujer, porque le echaste un vistazo a este hombre grande y fuerte que soy yo, y ya nadie más te servía.

Ambos soltaron la risa y se dirigieron lentamente hacia la casa.

Siete familias, incluida la nuestra, seguían negándose a comprar en la tienda de los Wallaces, pese a la amenaza de la cuerda de presos. Mi mamá pensaba que ese número no era bastante significativo para hacerles daño, aunque sí para irritarlos; y temía por lo que les pudiera ocurrir a mi papá, a Stacey y al señor Morrison en el viaje. Pero por más que lo intentó, no pudo disuadir a mi padre de su propósito, y partieron, como estaba previsto, el miércoles temprano mucho antes de que amaneciera.

El jueves, cuando debían regresar, comenzó a llover: una recia, copiosa lluvia de verano que trajo a los algodonales prematura lobreguez y nos obligó a dejar el azadón y a refugiarnos en la casa. Sobre nuestras cabezas reverberaban los truenos. Mi mamá observó el oscuro camino desde la ventana y dijo como hablando consigo misma:

—¿Por qué tardarán tanto?

—Se habrán detenido en alguna parte —dijo Mamá Grande—. Estarán esperando que pase la tempestad.

—Sí, eso debe ser —contestó mi mamá regresando de la ventana y tomando unos pantalones de Juan Cristóbal para echarles un remiendo.

Al caer la tarde y cuando cerró del todo la noche, nos fuimos quedando en silencio. Poco decíamos mis hermanos y yo; mi mamá y Mamá Grande se concentraban en su costura, con el ceño fruncido. A mí se me hizo un nudo en la garganta y sin saber por qué tenía miedo, pregunté:

—Mamá, no les ha pasado nada, ¿verdad?

—Claro que no. Se han tardado un poco, no es más.

—¿Y no será que alguien...?

—Niños, es hora de ir a la cama —dijo con autoridad, sin dejarme concluir.

—Yo quiero esperar a mi papá —dijo el Chico.

—Yo también —agregó Juan Cristóbal, soñoliento.

—Por la mañana lo verán. ¡A dormir todo el mundo!

Puesto que no podíamos hacer otra cosa que obedecer, nos fuimos a acostar. Pero yo no podía dormir. Un terror frío me subía por todo el cuerpo, revolviéndome el estómago y apretándome la garganta. Al fin, no pudiendo aguantar más, me levanté y fui de puntillas al cuarto de mamá y papá.

Mi mamá estaba de pie, dándome la espalda, con los brazos cruzados, y Mamá Grande seguía remendando. Ninguna de las dos me oyó abrir la puerta. Estuve por decir algo, pero mi mamá estaba hablando y resolví no interrumpirla.

—Estoy por ensillar la yegua e ir a buscarlos.

—¿Con qué objeto, Mary? ¿Tú sola en esa yegua andando por ahí en esta oscuridad y con esta lluvia? —dijo Mamá Grande.

—Es que algo les ha pasado. Estoy segura.

—Son imaginaciones tuyas, hija. Nada les ha pasado.

—No... no —dijo mamá sacudiendo la cabeza—. Los Wallaces no son imaginación mía...

Se interrumpió de súbito.

—Mary...

—Me pareció oír algo.

Los perros empezaron a ladrar y ella corrió a la puerta, levantó el pestillo como loca y gritó en la tormenta:

—¡David! ¡David!

No pudiendo quedarme quieta, yo también salí corriendo.

—Cassie, ¿qué haces tú levantada? —me dijo Mamá Grande dándome una palmada al pasar. Pero mi mamá, que miraba a la húmeda noche, no me dijo nada cuando llegué a su lado.

—¿Son ellos? —pregunté.

En medio de la oscuridad apareció una luz que avanzaba por el sendero de la entrada, y la voz del señor Morrison llegó a nuestros oídos:

—Sigue adelante, Stacey, yo ya lo tengo.

Luego vimos a Stacey, linterna en mano, seguido por el señor Morrison que llevaba a mi papá.

—¡David! —murmuró mi mamá muerta de terror.

Mamá Grande que estaba detrás de mí me obligó a entrar con ella, quitó rápidamente los cobertores de la cama dejando sólo la sábana, y ordenó:

—Póngalo aquí, señor Morrison.

Cuando el señor Morrison subía las escaleras pudimos ver que mi papá tenía la pierna izquierda estirada, inmovilizada por la escopeta que le habían amarrado a ella con una cuerda. Tenía la cabeza vendada con un trapo a través del cual se colaba el rojo oscuro de la sangre. El señor Morrison lo entró con mucho cuidado por la puerta para que no se fuera a tropezar la pierna entablillada y lo depositó suavemente en la cama. Mi mamá fue inmediatamente a la cama y tomó a mi papá de la mano.

—Hola, nena... —dijo él débilmente—. Estoy bien. Me he roto una pierna, no es más...

—Le cayó encima el carro —dijo el señor Morrison evitando la mirada de mi mamá—. Vamos a encajarle ese hueso. No tuvimos tiempo en el camino.

—La cabeza...—dijo mi mamá interrogando con la mirada al señor Morrison; pero éste no dijo nada más y mi mamá se volvió a Stacey:

—¿Tú estás bien, hijo?

258

—Sí señora —repuso Stacey, que tenía la cara del color de la ceniza y no le quitaba a mi papá los ojos de encima.

—Entonces ve a quitarte esa ropa mojada, antes de que cojas una pulmonía. Cassie, tú ve a acostarte.

—Yo voy a encender fuego —dijo Mamá Grande dirigiéndose a la cocina, mientras mi mamá buscaba en la alacena sábanas para hacer un vendaje. Pero Stacey y yo nos quedamos estáticos mirando a mi papá, y no nos movimos hasta que entraron soñolientos Juan Cristóbal y el Chico.

—¿Qué pasa? —preguntó este último apretando los ojos para defenderse de la luz.

—Vuelvan a la cama —les mandó mi mamá, y corrió a ellos para no dejarlos pasar adelante, pero antes de que pudiera impedírselo, Juan Cristóbal vio a mi papá en la cama y exclamó:

—¡Papá, volviste!

El señor Morrison lo alzó en sus brazos antes de que sacudiera la cama.

—¿Qué pasó? ¿Qué pasó? —preguntó Juan Cristóbal, ya completamente despierto—. Papá, ¿qué te pasó? ¿Qué es eso que tienes en la cabeza?

—Tu papá está dormido —dijo mi mamá mientras el señor Morrison volvía a dejar a Juan Cristóbal en el suelo—. Stacey, llévalos tú a la cama... y quítate esa ropa.

No nos movimos.

—¡Muévanse cuando yo mando! —dijo con impaciencia, aunque más preocupada que enojada.

Stacey nos llevó al cuarto de los muchachos. Apenas cerró la puerta yo le pregunté:

—Stacey, ¿es grave lo de mi papá?

Buscó la lámpara, la encendió y se sentó pesadamente al borde de la cama. Todos lo rodeamos. Yo repetí la pregunta.

—No sé —respondió sacudiendo la cabeza—. Tiene la pierna rota, por el carro... y le dieron un tiro.

—¡Un tiro! —exclamaron temerosos Juan Cristóbal y el Chico, pero yo guardé silencio, demasiado asustada para hablar, para pensar.

—El señor Morrison no cree que la bala le hiciera mucho daño; cree que apenas como que le rozó la piel... por aquí —y señaló a la sien con el dedo índice—. Y no le entró por ninguna parte.

—¿Quién le disparó un tiro a mi papá? ¿Quién? —preguntó el Chico presa de gran agitación. Stacey se levantó entonces y les hizo señas a Juan Cristóbal y al Chico para que se acostaran.

—Ya he dicho mucho. Cassie, acuéstate tú también.

Continué inmóvil, incapaz de ponerme de pie.

—Cassie, obedécele a mamá.

—¿Cómo le cayó encima el carro? ¿Cómo le dispararon? —dije con ira, proyectando ya venganza contra el que se hubiera atrevido a herir a mi padre.

—Cassie, ve a acostarte.

—No me muevo hasta que me digas.

—Voy a llamar a mi mamá.

—Ella está ocupada —repuse cruzándome de brazos y segura de que él tendría que contarme lo sucedido.

Fue a la puerta y la abrió. Juan Cristóbal, el Chico y yo lo observamos ansiosos. Pero pronto cerró otra vez la puerta y regresó a la cama.

—¿Qué están haciendo? —preguntó el Chico.

—Mamá Grande le está curando la cabeza.

—Bueno, ¿qué fue lo que pasó? —insistí yo.

Stacey dio un suspiro de desaliento y se sentó:

—Veníamos ya de regreso de Vicksburg cuando las ruedas de atrás se desprendieron —dijo en voz muy queda—. Ya había oscurecido y llovía, y mi papá y el señor Morrison creen que alguien las había aflojado para que se soltaran así, las dos al mismo tiempo. Después, cuando les dije que yo había visto a dos muchachos cerca del carro cuando estábamos en Vicksburg, mi papá dijo que no teníamos tiempo de desenganchar la mula y descargar el carro, como era lo natural para volver a poner las ruedas. Temía que nos vinieran persiguiendo. Así que cuando encontramos las ruedas y los pernos, mi papá me dijo que tuviera las riendas bien duro para que la mula se estuviera quieta... estaba muy asustada por la tempestad. Entonces el señor Morrison fue y levantó el carro, él solo. Y harto que pesaba, pero él lo levantó como si no fuera nada. Entonces mi papá metió la primera rueda, y en ese momento fue cuando le pegaron el tiro.

—¿Pero quién...? —dije yo.

—Un camión vino por el camino y paró detrás de nosotros cuando estábamos poniendo la rueda, pero no lo sentimos por la lluvia y los truenos y todo, y no encendieron los faros hasta que el camión paró. En todo caso, venían tres hombres, y mi papá apenas los vio echó mano de su escopeta. Entonces fue cuando ellos le dispararon y cayó de espaldas con la pierna izquierda debajo del carro... Y la mula se asustó con el tiro y se encabritó y yo no la pude contener... y el carro le cayó encima de la pierna a mi papá —su voz se quebró y estalló compungido—: Yo tengo la culpa. Yo tengo la culpa de que se rompiera la pierna.

Pensé en lo que acababa de oír y poniéndole la mano en el hombro le dije:

—No, tú no tienes la culpa. Fueron ellos, los hombres esos.

Durante un rato Stacey no dijo más, ni yo se lo pedí. Al fin se aclaró la garganta y continuó sombríamente:

—Apenas pude, amarré la mula a un árbol y

corrí a ayudar a mi papá, pero él me dijo que no lo moviera y que me metiera en la zanja. Después de que hirieron a mi papá, los hombres esos atacaron al señor Morrison, pero él era muy rápido y muy fuerte para ellos. Yo no podía ver todo porque no siempre estaban delante de los faros, pero sí vi que el señor Morrison cogió a uno de esos tipos y lo levantó en el aire como si fuera un costal de plumas de gallina y lo tiró contra el suelo tan duro que tiene que haberse roto el espinazo. En toda mi vida no había visto nada igual. Luego uno de los otros dos que tenía el arma le disparó al señor Morrison, pero no le dio. El señor Morrison se escondió de la luz de los faros en la oscuridad y fueron tras él. Después no vi nada más —agregó mirando a la puerta donde estaba mi papá—. Oí huesos que se quebraban. Oí que alguien maldecía y gritaba. Después no oí nada sino el aguacero y tuve mucho miedo. Temí que hubieran matado al señor Morrison.

—Pero no lo mataron —afirmó el Chico, con los ojos brillantes de emoción.

—Lo que vi después —continuó Stacey— fue a un hombre que se acercó muy lentamente a la luz de los faros a alzar al que estaba tendido en medio del camino, al que el señor Morrison había tirado contra el suelo. Lo subió al camión y luego volvió para ayudar al otro. Ese parecía que tenía un brazo roto. Le colgaba flojo al costado. Entonces le dieron vuelta al camión y se fueron.

—¿Y qué más pasó? —preguntó el Chico.

—Nada. Le pusimos la otra rueda al carro y nos vinimos.

—¿Quiénes eran? —pregunté yo conteniendo el resuello.

—Creo que eran los Wallaces —contestó Stacey llanamente.

Hubo un momento de temeroso silencio y luego Juan Cristóbal, con los ojos inundados en lágrimas, preguntó:

—Stacey, mi papá... ¿se va a morir?

—¡No! ¡Claro que no! —exclamó Stacey muy agitado.

—Como estaba tan quieto...

—Yo no quiero que se muera mi papá —gimió el Chico.

—Estaba dormido, como dijo mi mamá. No es más.

—¿Y cuándo se va a despertar? —dijo Juan Cristóbal mientras las lágrimas le rodaban por las gordas mejillas.

—Por la mañana —respondió Stacey echándoles los brazos a él y al Chico para consolarlos—. Esperen y verán. Por la mañana estará bueno.

Stacey, que no se había quitado la ropa mojada y embarrada, no dijo nada más, y nosotros tampoco. Todas las preguntas se habían hecho;

sin embargo, teníamos miedo; permanecimos sentados en silencio escuchando la lluvia, que ahora caía suavemente sobre el tejado, y mirando a la puerta detrás de la cual estaba mi papá, deseando que amaneciera.

X

—¿Cómo está la cosa? —preguntaba mi papá cuando yo pasé por la sala en dirección a la puerta lateral. Más de una semana había transcurrido desde que sufrió las heridas, y éste era el primer día que se levantaba de la cama. Estaba sentado cerca de la chimenea apagada, con la cabeza todavía vendada y la pierna rota descansando en un asiento de madera. Tenía la mirada fija en el escritorio de mi mamá.

Mi mamá dejó el lápiz y miró ceñuda el cuaderno de cuentas que tenía enfrente. Me miró a mí distraídamente y esperó hasta que salí para contestar:

—¿Te parece que nos debemos ocupar en esto ahora, David? Todavía no estás bien.

—Estoy suficientemente bien como para saber que no nos queda mucho. Anda, dímelo.

Yo bajé las gradas y me senté en la última. Después de un momento mi mamá contestó:

—Con la mitad que paga Hammer de la hipoteca, tenemos para el pago de junio...

—¿Nada más?

—Quedan un par de dólares, pero no más.

Ambos callaron.

—¿Crees que le debemos escribir a Hammer para pedirle algún dinero prestado? —dijo mi mamá.

—No... Todavía no quiero que se entere de lo que ha ocurrido. Si sabe que no estoy en el ferrocarril, va a querer saber por qué, y no quisiera correr el riesgo, con ese genio que se gasta, de que se entere de lo que han hecho los Wallaces.

Mi mamá suspiró.

—Sí, tienes razón.

—Sé que la tengo. Estando las cosas como están, se viene acá loco de furia y se hace ahorcar. Mientras las cosas no empeoren, podemos salir al otro lado sin él. Con lo que tenemos podemos cancelar el pagaré de junio. Para los de julio y agosto tal vez tengamos que vender un par de vacas con sus crías... tal vez hasta la marrana vieja. Pero para fines de agosto debemos contar con suficiente algodón para el pago de septiembre... Claro que probablemente tendre-

mos que llevar a desmotar el algodón a Vicksburg. Este año no podremos usar la desmota-
dora de Harlan Granger.

Se hizo otro silencio; luego mi mamá dijo:

—David, Mamá Grande dice que piensa ir a
Strawberry al mercado...

—No —dijo mi papá sin dejarla terminar—.
Hay demasiados rencores por allá.

—Eso fue lo que yo le dije.

—Yo hablo con ella... ¿Hay algo que necesite-
mos con urgencia antes de cosechar el primer
algodón?

—Pues... tú trajiste pilas y petróleo en el último viaje... Pero lo que sí vamos a necesitar más
que todo es insecticidas para fumigar el algodón. La plaga se está poniendo espantosa.

—¿Y de víveres?

—De harina, azúcar y polvo de levadura y
otras cosas nos queda poco, pero alcanza... No
tenemos que comer bizcochos y pan de maíz
todos los días. Pimienta no tenemos y no queda
mucha sal, pero tampoco son indispensables. El
café se acabó... En cambio, la huerta va muy
bien. Por ese lado no tenemos por qué preocu-
parnos.

—No, por ese lado no —murmuró él, y ambos
se quedaron callados. En seguida hubo una sú-
bita explosión, como si algo hubiera golpeado
con furia—. ¡Si no fuera por esta pierna que-
brada!

—Que no te oiga Stacey. Ya sabes que él se culpa por tu pierna.

—Ya le he dicho que él no tuvo la culpa. Lo que pasó fue que él no tenía fuerza suficiente para dominar la mula.

—Pero a pesar de todo, se siente culpable.

—¡Qué ironía! Los Wallaces me apuntan un rifle a la cabeza, me rompo una pierna, y ese muchacho cree que él tuvo la culpa. Francamente, me dan ganas de agarrar un látigo y darles a los tres Wallaces hasta que el brazo se me canse y no lo pueda levantar más.

—Estás hablando como Hammer.

—¿Sí? Pues a veces me dan ganas de hacer muchas cosas como Hammer. Creo que me daría mucha satisfacción darles una buena paliza a Kaleb Wallace y a sus hermanos.

—Con el método de Hammer te harías matar, así que no hables más en esa forma. ¿No tenemos ya bastantes preocupaciones? Además, me dicen que Thurston y Dewberry Wallace están todavía en cama. Unos hasta aseguran que Dewberry tiene fracturada la espalda. En todo caso, es evidente que el señor Morrison los dejó muy maltratados.

—A propósito, ¿dónde está? Hoy no lo he visto.

—Salió. Anda buscando trabajo desde que amaneció.

—Por aquí no va a encontrar nada. Ya se lo he advertido.

—Ya sé; pero dice que tiene que hacer el esfuerzo...

Mi mamá calló, y cuando volvió a hablar su voz era débil, como si vacilara en expresar sus pensamientos:

—David, ¿no crees que sería mejor que se fuera? Yo no quisiera verlo partir, pero después de como dejó a los Wallaces, temo lo que le pueda pasar.

—El sabe lo que le puede pasar, Mary, pero quiere quedarse... Y francamente, lo necesitamos aquí. No le digas más.

—Pero, David, si...

Antes de que mi mamá terminara alcancé a ver al señor Morrison que venía del Oeste, de Smellings Creek. Me levanté y corrí a su encuentro.

—¡Hola, señor Morrison! —grité a tiempo que la mula tirando del carro entraba por el sendero.

—Hola, Cassie —respondió—. ¿Ya está despierto tu papá?

—Sí señor, hoy se levantó de la cama.

—¿No te dije que nada lo podía tener quieto?

—Sí señor, así me dijo.

Descendió del carro y se dirigió a la casa.

—Señor Morrison, ¿quiere que le desenganche la mula?

—No, Cassie, déjala así. Voy a hablar con tu papá y después tengo que volver a salir.

Me quedé acariciando la mula mientras el señor Morrison entraba en la casa. Pensé volver a sentarme en los escalones, pero resolví más bien quedarme con la mula, digiriendo pensativamente todo lo que había oído, hasta que el señor Morrison volvió a salir. Se dirigió al establo y en seguida apareció con la sembradora, un aparato parecido al arado pero con un pequeño recipiente redondo en la mitad para regar la semilla. La puso en la parte trasera del carro.

—¿A dónde va, señor Morrison?

—A la casa del señor Wiggins. Esta mañana nos encontramos y quería pedir prestada la sembradora de tu papá. Como no tiene carro, yo le dije que si tu papá daba permiso, yo se la llevaría.

—¿No es ya tarde para sembrar?

—Para lo que él piensa sembrar, no. Quiere sembrar maíz de verano. Estará para recoger en septiembre.

—Señor Morrison, ¿puedo ir con usted? —le pregunté cuando él subía al carro.

—Te llevo con mucho gusto, Cassie, pero tienes que pedirle permiso a tu mamá.

Corrí a la casa. Mis hermanos estaban en el cuarto de papá y mamá, y cuando yo pedí permiso para ir a la casa de Willie Wiggins con el señor Morrison, naturalmente el Chico y Juan Cristóbal dijeron que ellos también querían ir.

—El señor Morrison dijo que tenía mucho gusto, mamá.

—Está bien; pero no le estorben. ¿Tú vas, Stacey?

Stacey miraba desconsolado la pierna rota de mi papá.

—Ve con ellos, hijo —le dijo éste suavemente—. Aquí no hay nada que hacer. Te da la oportunidad de hablar con Willie.

—¿Seguro que no hay nada que quieras que te haga, papá?

—Nada. Vete tranquilo y te das un paseíto a la casa de Willie.

Como la idea del paseo había sido mía, reclamé el derecho al puesto al lado del señor Morrison. La familia de Willie vivía en sus cuarenta acres propios, unas dos millas al Este de Great Falls. Hacía una hermosa mañana para pasear y las seis millas pasaron veloces mientras oíamos cantar al señor Morrison en su bajo profundo; Juan Cristóbal, el Chico y yo lo acompañábamos cuando podíamos. A los lados del camino los algodonales se veían florecidos, con flores blancas, rojas y rosadas. Stacey, que pasaba por una de sus rachas de mal humor, no cantó y lo dejamos en paz.

Estuvimos menos de una hora en la granja de los Wiggins y luego emprendimos el camino de regreso. Acabábamos de pasar por el pueblo de Great Faith y nos acercábamos al camino de la escuela Jefferson Davis cuando divisamos un destartalado camión que venía. El señor Morrison me dijo muy tranquilo:

—Cassie, pásate atrás.

—¿Por qué, señor Mo...?

—Rápido, Cassie, haz lo que te digo. Todos, échense al piso del carro.

Hablaba en voz baja y amistosa pero en tono de gran urgencia. Yo obedecí y me pasé atrás con mis hermanos. El camión frenó ruidosamente con rechinar de acero. Paramos. Los muchachos y yo nos asomamos por el borde del carro. El camión se había atravesado en el camino cortándonos el paso. Se abrió la portezuela y salió de la cabina Kaleb Wallace, señalando con su largo dedo acusador al señor Morrison. Estuvo un largo y terrible momento bamboleándose sin decir palabra y al fin habló:

—¡Negrazo maldito, debiera sacarte las entrañas por lo que hiciste! Mis hermanos están en cama y tú andas libre como cualquier blanco. ¡Es un pecado! Te debiera pegar un tiro ahí mismo donde estás.

—¿Va a mover su camión?

Kaleb Wallace miró al señor Morrison, luego al camión como si tratara de comprender la conexión entre los dos.

—Qué, ¿es que te está estorbando?

—¿Lo va a mover?

—Lo voy a mover... cuando me dé la gana.

Se interrumpió abruptamente, los ojos abiertos de terror, porque el señor Morrison se bajó del carro y por un momento su sombra amenazadora se acercó peligrosamente a él. Pero mientras el miedo palidecía en la cara de Kaleb Wallace, el señor Morrison sin decir una palabra examinó el interior del camión.

—¿Qué está buscando? —murmuré yo.

—Armas, seguramente —dijo Stacey.

El señor Morrison dio la vuelta en torno del camión estudiándolo con cuidado. En seguida volvió a la parte delantera y, doblando las rodillas y con la espalda contra el radiador, metió sus grandes manos bajo el parachoques. Lentamente, los músculos tensos contra la camisa y chorreándole el sudor por la piel como aceite sobre agua, levantó el camión con poderoso esfuerzo hasta que las ruedas delanteras quedaron varias pulgadas elevadas del suelo, y lentamente dio unos pasos hacia la izquierda del camino, donde las depositó con tanta suavidad como si se tratara de un bebé dormido. Luego pasó a la zaga del vehículo y repitió la proeza.

A Kaleb Wallace se le pegó la lengua al paladar. Juan Cristóbal, el Chico y yo nos quedamos con la boca abierta; y hasta Stacey, que ya había visto otras muestras de la fuerza fenomenal del señor Morrison, miró asombrado.

Kaleb Wallace tardó varios minutos en recuperar la voz. Nosotros ya íbamos lejos, donde ya casi no lo alcazábamos a oír, cuando nos llegó su grito frenético:

—Una de estas noches, ¡ten cuidado, negro, que me las vas a pagar todas juntas! Ten mucho cuidado... Una de estas noches te mato, será muy pronto...

Cuando llegamos a casa y les contamos a mi papá, a mi mamá y a Mamá Grande lo ocurrido, mi mamá le dijo al señor Morrison:

—Yo ya le he dicho que temo mucho por usted. Y hoy, Kaleb Wallace pudo haberlo herido... a usted y a los niños.

—Señora Logan, Kaleb Wallace es uno de esos tipos incapaces de hacer nada por sí mismos. Tiene que andar con muchas personas que lo apoyen y con un arma cargada... y yo sabía que no tenía armas, por lo menos en el camión. De eso me aseguré.

—Pero si usted se queda aquí, él conseguirá quién le ayude y un día de éstos lo mata, como lo amenazó.

—Señora Logan, no me diga que me vaya.

—Señor Morrison, usted es ya uno de nosotros. No quiero que le pase nada por culpa nuestra —repuso ella poniendo su fina mano sobre la de él. El señor Morrison bajó los ojos y miró en torno de la habitación hasta donde estábamos mis hermanos y yo.

—Nunca tuve hijos. A veces pienso que si los hubiera tenido, habría querido una hija y un hijo exactamente como usted y el señor Logan... y unos nietecitos como estos nenes suyos...

—Pero, señor Morrison, los Wallaces...

—Mary, no insistas —dijo mi papá.

Ella lo miró, con los labios todavía dispuestos para hablar. No dijo más, pero arrugas de preocupación quedaron marcadas en su frente.

Llegó agosto, azul y caluroso. Un calor rastrero se pegaba a la tierra como un sudario invisible, en medio del cual la gente se movía lenta, aletargada, como andando bajo el agua. En los campos maduros el algodón y el maíz se estiraban cansados hacia el cielo esperando la frescura de una lluvia que ocasionalmente amenazaba pero nunca caía, y el suelo adquiría un aspecto pardo tostado.

Para escapar del calor, mis hermanos y yo nos metíamos en la frescura del bosque una vez cumplidos nuestros quehaceres. Allí, mientras vacas y terneros pastaban en las cercanías, nosotros nos acomodábamos a la orilla de la laguna, recostados contra un viejo nogal o un pino o un roble, y con los pies metidos perezosamente en el agua esperábamos a que se refrescara una sandía que habíamos llevado de la huerta para enfriarla. A veces se nos unía allí Jeremy, que se abría paso por entre la tupida arboleda desde su granja, distante más de una milla; pero estos encuentros nunca eran planeados; no los habrían aprobado ninguno de nuestros padres.

—¿Cómo está tu papá? —preguntó un día sentándose a nuestro lado.

—Está bien —repuso Stacey—. Sólo que con

este calor, la pierna le molesta un poco. Mucha comezón. Pero mi mamá dice que eso es señal de que le está sanando.

—Me alegro —dijo Jeremy—. Es una pena que se la hubiera roto justo cuando tenía que volver al ferrocarril.

Stacey se rebulló con inquietud, recordándonos con la mirada a los demás que no debíamos hablar de la parte que les había cabido a los Wallaces en el accidente de mi papá. Jeremy agregó, tartamudeando como siempre:

—Unos di-dicen que s-se alegran de que se rompiera la pierna; que n-no se pueda ganar ese dinero del ferrocarril.

—¿Quién dice eso? —salté yo furiosa—. Dime quién dice eso para...

—Cassie, siéntate y cállate —me ordenó Stacey. Yo obedecí y me volví a sentar, pensando que ojalá que esta cuestión de los Wallaces y las heridas de mi papá no fuera tan complicada. A mí me parecía que como los Wallaces eran los que habían atacado al señor Morrison y a mi papá, lo más fácil de todo era decírselo al jefe de policía para que los metieran en la cárcel, pero mi mamá decía que las cosas no se hacían así. Me había explicado que, ya que los Wallaces, avergonzados por la paliza que habían recibido a manos del señor Morrison, no se atrevían a quejarse oficialmente del incidente, nosotros también debíamos guardar silencio. De lo contrario, acusarían al señor Morrison de haber atacado a blancos, con la posible consecuencia de que lo condenaran a trabajos forzados, o a algo peor.

—Yo no fui, Cassie —dijo Jeremy excusándose.

—Bueno, cualquiera que fuera, no lo debió decir.

Jeremy accedió con un movimiento de cabeza. Luego cambió de tema:

—¿Alguno de ustedes ha visto últimamente a Timoteo?

Stacey frunció el entrecejo, pensando si debía contestar o no. Se hablaba mucho de Timoteo y de los hermanos Simms, y todo lo que se decía era malo. El padre de Moe Turner le había contado a mi papá que Timoteo y los Simms habían ido a visitarlo y que cuando se fueron, descubrió que le faltaba el reloj; los Lanier habían tenido una experiencia igual con un guardapelo. «Ese Timoteo va por mal camino», decía el señor Lanier, «y yo no quiero nada con ladrones... mucho menos con un ladrón que anda con muchachos blancos».

Por fin Stacey contestó:

—No lo hemos vuelto a ver.

—Yo lo veo constantemente —dijo Jeremy.

—Tanto peor —observé yo.

Stacey me echó una mirada de reproche, luego se tendió de espaldas cuan largo era, descansando la cabeza en las manos enlazadas:

—Qué lindo está allá arriba —dijo cambiando bruscamente de tema. Todos nos tendimos como él. Sobre nuestras cabezas, las ramas de robles y nogales se entrelazaban como verdes abanicos para protegernos. A corta distancia de allí el sol trazaba ambarinos senderos de luz en la superficie de la laguna. Una quietud suave, pacífica, se cernía en la altura.

—Cuando yo sea grande me voy a hacer una casa en los árboles para vivir allí todo el tiempo —dijo Jeremy.

—¿Cómo la vas a hacer? —preguntó el Chico.

—Pues busco unos árboles bien fuertes y la construyo. Voy a tener el tronco de un árbol en la alcoba y otro en la cocina.

—¿Y para qué quieres vivir en los árboles? —le preguntó Juan Cristótal.

—Allá arriba es tan tranquilo —repuso Jeremy—, y no hay ruido, y también hace fresco... sobre todo por la noche.

—¿Cómo sabes cuánto fresco hace por la noche? —le pregunté yo.

—Porque allá tengo mi alcoba —dijo con la cara radiante. Lo miramos incrédulos.

—Es verdad —insistió—. La hice yo mismo y duermo allá arriba. Estas noches de mucho calor me subo a mi árbol y es como irse a otro mundo. Allá veo y oigo cosas que apuesto que sólo los pájaros y las ardillas ven y oyen. A veces me parece que alcanzo a ver hasta la casa de ustedes.

—Ah, no nos vengas con cuentos —dije yo—. Tu casa queda demasiado lejos para eso.

—Bueno, tal vez no la veo; pero me imagino que la veo —calló un momento y luego se incorporó de un salto—. ¿Quieren venir a verla? Mi papá no va a volver en todo el día, y será una diversión, y se la puedo mostrar...

—No —dijo tranquilamente Stacey, sin apartar los ojos de los árboles de arriba. Jeremy se volvió a sentar, desinflado.

—Era sólo para que la vieran, nada más.

Durante un rato pareció sentido por el brusco rechazo de Stacey; pero después, aceptándolo, según parece, como parte de la situación existente, volvió a su primera disposición y se ofreció como voluntario:

—Si alguna vez se les ocurre construir una casa en un árbol, díganme y yo les ayudo. Es la cosa más fácil...

Mi papá estaba en el establo sentado en un banco con la pierna mala estirada en una posición incómoda, remendando uno de los arneses de la mula. Allí había estado desde por la mañana con la frente arrugada, remendando cuantas cosas necesitaban arreglo. Mi mamá nos había dicho que no lo molestáramos y nos habíamos mantenido lejos del establo cuanto nos fue posible, pero ya al caer de la tarde nos fuimos acercando de la manera más natural para iniciar nuestros quehaceres. Mi papá había desaparecido dentro de sí mismo de modo que al principio no se dio cuenta de nuestra presencia, pero poco después sí nos vigiló de cerca.

Ya casi habíamos concluido nuestras tareas cuando llegó el señor Morrison, que había ido a Strawberry a pagar la cuota de agosto de la hipoteca. Entró lentamente al establo y le entregó un sobre a mi papá. Este lo recibió con desconfianza, lo abrió, apretó las quijadas mientras leía la carta, y cuando terminó dio un puñetazo tan fuerte sobre el banco, que mis hermanos y yo suspendimos lo que estábamos haciendo, comprendiendo que algo muy grave ocurría.

—¿Eso le dijeron? —le preguntó al señor Morrison con voz colérica.

El señor Morrison asintió con la cabeza:

—Traté de persuadirlos de que esperaran hasta después de la cosecha del algodón, pero dijeron que estaba vencida y que había que pagar inmediatamente. Esas fueron sus palabras.

—Es cosa de Harlan Granger —dijo mi papá, estirando la mano para coger el bastón y ponerse en pie—. Sería usted capaz de ir conmigo a Strawberry... ¿esta noche?

—Yo sí; pero lo que dudo es que la mula sea capaz.

—En ese caso, enganchamos la yegua.

Se dirigió a la casa. Mis hermanos y yo lo

seguimos, sin saber a ciencia cierta qué era lo que había pasado. Mi papá entró en la cocina. Nosotros nos quedamos en el porche observando a través del alambrado.

—¿Qué pasa, hijo? —le preguntó Mamá Grande.

—El banco exige la cancelación del pagaré. Voy a ir a Strawberry.

—¿La cancelación? ¡Oh, Dios mío! Sólo eso faltaba.

Mi mamá tenía miedo; se le veía en la mirada.

—¿Vas a ir ahora? —le preguntó.

—Ahora mismo —repuso él saliendo de la cocina para ir a su pieza.

La voz de mi mamá lo siguió:

—David, ya es muy tarde. Los bancos habrán cerrado. No podrás hablar con nadie hasta mañana por la mañana.

No oímos lo que él le contestó, pero la voz de mi mamá subió mucho de tono:

—¿Quieres exponerte otra vez al camino en medio de la noche, después de lo que ocurrió? ¿Quieres dejarnos a todos muertos de la preocupación por lo que te puede pasar?

—Mary, ¿no te das cuenta de que lo que quieren es quitarnos la tierra? —dijo mi padre levantando también la voz de manera que lo oímos.

—¿Y tú no te das cuenta de que yo no te quiero ver muerto?

No oímos más, pero unos minutos después mi

papá salió y le dijo al señor Morrison que desenganchara la yegua. Irían a Strawberry por la mañana.

En efecto, al día siguiente partieron antes de que yo me levantara. Cuando regresaron, ya al caer de la tarde, mi papá se sentó fatigado a la mesa de la cocina con el señor Morrison a su lado. Pasándose la mano sobre el tupido cabello, dijo:

—Llamé a Hammer.

—¿Qué le dijiste? —preguntó mi mamá.

—Unicamente que exigían la cancelación del pagaré. Dijo que él conseguía el dinero.

—¿Cómo?

—No dijo, ni yo le pregunté. Simplemente dijo que él lo conseguía.

—Y el señor Higgins, del banco, ¿qué explicación te dio? —preguntó Mamá Grande.

—Que ya no teníamos crédito.

—Ahora ni siquiera les estamos causando ningún daño a los Wallaces —dijo mi mamá con rabia—. Harlan Granger no necesita...

—Sí necesita, querida —repuso mi padre—. Necesita mostrarnos cuál es nuestro lugar en el orden de las cosas. Para él eso es sumamente importante. Además, sigue codiciando esta tierra.

—Pero, hijo, la hipoteca todavía tiene cuatro años de vigencia.

Mi papá rió con una risa sarcástica.

—¿Y qué quieres que haga, mamá, que apele a los tribunales?

Mamá Grande suspiró y puso sus manos sobre las de mi papá.

—¿Qué tal que Hammer no pueda conseguir el dinero?

—No te preocupes, mamá —dijo mi padre mirando al señor Morrison—; la tierra no la vamos a perder... Créemelo.

El tercer domingo de agosto comenzaba la gran reunión evangélica anual. Estas reuniones eran acontecimientos muy serios y sin embargo alegres, planeados con mucha anticipación. Ollas y sartenes salían de alacenas reservadas, trajes empacados con naftalina y pantalones muy planchados se sacaban de baúles escondidos, y toda la gente de la comunidad y de las comunidades vecinas se dirigía a la iglesia de Great Faith por el serpenteante camino rojo de la escuela. La reunión duraba siete días y era una ocasión por todos esperada, pues no se limitaba a los servicios religiosos. Era el único acontecimiento social planeado del año e interrumpía la monotonía de la vida rural. Los adolescentes hacían la corte abiertamente, los adultos se reunían con parientes y amigos a quienes no veían desde la gran reunión del año precedente, y los niños corrían casi en completa libertad.

Para mí la mejor parte de todo era el primer

día. Cuando concluía el primero de tres servicios religiosos, la muchedumbre apretujada en el sofocante interior de la pequeña iglesia se desparramaba por los terrenos de la escuela y las mujeres desplegaban orgullosas sus comidas en la parte trasera de los carros o en largas mesas dispuestas alrededor de la iglesia.

Entonces se daba comienzo a un banquete digno de recordación.

Escudillas rebosantes de nabos y verduras, fríjoles de careta con tocino, gruesas rebanadas de jamón del invierno pasado curado en azúcar, lonjas de carne de costilla asada, pollo frito y tostadito, trozos de dorada ardilla y conejo, panecillos de mantequilla y pan de maíz, gruesas tajadas de pastel de batata, tartas de fruta y una infinidad de cosas más estaban gratis a la disposición del que quisiera tomarlas. Por bajas que estuvieran las reservas de las despensas, toda familia se las ingeniaba para contribuir con alguna cosa, y cuando los asistentes vagaban de mesa en mesa, los malos tiempos se olvidaban, al menos por ese día.

Mis hermanos y yo acabábamos de servirnos por primera vez y habíamos tomado asiento bajo un viejo nogal, cuando Stacey dejó a un lado su plato y volvió a ponerse de pie.

—¿Qué hay? —le pregunté con la boca llena de pan de maíz.

—Ese hombre que viene allá por el camino

—dijo apretando los ojos contra el sol. Me tomé un momento para mirar, volví a empuñar mi pierna de pollo y dije:

—¿Quién es?

—¡Parece que es tío Hammer! —exclamó y salió corriendo. Yo vacilé, no queriendo dejar mi plato a menos que realmente fuera tío Hammer; pero cuando vi que Stacey abrazaba al hombre, también dejé mi plato y corrí al camino. Me siguió Juan Cristobal sin dejar el suyo, y también el Chico.

—Tío Hammer, ¿dónde dejaste el automóvil? —le preguntó el Chico después de que todos lo abrazamos.

—Lo vendí —contestó él.

—¡Lo vendiste! —exclamamos todos en coro.

—Pero... ¿por qué? —preguntó Stacey.

—Necesitaba el dinero.

Cuando nos acercábamos a la iglesia nos encontramos con mi papá y los dos hermanos se abrazaron.

—No esperaba que vinieras hasta acá —le dijo mi papá.

—¿Creías que iba a mandar todo ese dinero por correo?

—Lo podías haber mandado por telégrafo.

—Tampoco me inspira confianza.

—¿Cómo lo conseguiste?

—Tomé una parte prestada, vendí unas pocas cosas —repuso alzándose de hombros; luego señalando a la pierna de mi padre—: ¿Qué te pasó?

—Tenía la esperanza de que no me preguntaras —dijo éste sonriendo débilmente.

—Ajá.

—Papá —dije yo—, tío Hammer vendió el automóvil.

—Yo no quería que hicieras eso —dijo mi papá.

Tío Hammer le echó al hombro el brazo.

—¿De qué sirve un automóvil? No da algodón. No se puede construir en él una casa. Y no se pueden criar lindos niños en él.

Mi padre comprendió.

—¿Ahora me vas a contar qué te pasó en la pierna?

Mi papá miró a la multitud que se arremolinaba en torno a las mesas de la comida.

—Primero te daremos algo de comer —le dijo—. Después te cuento. Tal vez no te caiga tan mal con el estómago lleno de estas cosas ricas.

Como el tío Hammer tenía que regresar el lunes por la mañana, nos permitieron quedarnos despiertos hasta mucho después de nuestra hora corriente de acostarnos para que pudiéramos estar con él. Mucho tiempo después de que debiéramos estar en la cama permanecimos sentados en el porche iluminado únicamente por la blancura de la Luna llena escuchando el rumor reconfortante de las voces de mi papá y de tío Hammer, mezcladas una vez más.

—Mañana a primera hora vamos a Strawberry y hacemos el pago —dijo mi papá—. Yo no debo ir hasta Vicksburg con esta pierna, pero el señor Morrison te lleva y te acompaña a la estación.

—No tiene para qué acompañarme. Yo puedo llegar muy bien a Vicksburg —contestó tío Hammer.

—Pero yo quedaría más tranquilo sabiendo que estás a bordo de un tren en dirección al Norte... no andando por aquí y haciendo algún disparate.

—No es ningún disparate lo que yo les quisiera hacer a los tales Wallaces... y también a Harlan Granger.

No había nada que decir sobre sus sentimientos y nadie habló. Después de un rato tío Hammer preguntó:

—¿De dónde vas a sacar dinero?

—El algodón pinta bien. De alguna manera saldremos al otro lado.

—Apretando cada vez más el cinturón, ¿eh?

Como mi padre no contestó, el tío Hammer añadió:

—Tal vez será mejor que yo me quede.

—Eso no. En Chicago te va mucho mejor.

—Me va mejor, pero me preocupo mucho —se detuvo, y tirándose de la oreja prosiguió—: En Strawberry di con un tipo de Vicksburg. Por lo que me dijo, la situación está peor que nunca por allá. Cuando las cosas se ponen tan mal, la gente se desespera y busca a alguien con quién desquitarse. No quiero que ustedes sean las víctimas.

—No seremos —dijo mi papá—, a menos que tú te quedes.

A la mañana siguiente, después de que salieron los hombres, Mamá Grande le dijo a mi mamá:

—Es una pena que Hammer no se haya podido quedar más tiempo.

—Yo me alegro de que se haya ido —contestó mamá.

—Sí, comprendo. Estando las cosas como están, con el menor pretexto se desata la tremolina, y Hammer con ese genio que se gasta la podría provocar. Pero con todo... me apena que no se hubiera podido quedar un poco más.

La última noche de la reunión evangélica el cielo tomó un extraño tinte anaranjado. El aire se sentía sofocante; ni la menor brisa corría.

—¿Qué dices, David, vamos o no vamos? —preguntó mi mamá, mirando ambos al cielo desde el porche, apoyado él en su bastón.

—Va a haber tempestad, seguro... pero tal vez no será hasta bien tarde en la noche —dijo mi papá.

Resolvieron que sí iríamos. Lo mismo habían pensado casi todas las demás familias, pues cuando llegamos los terrenos de la escuela estaban atestados de carros y carretas.

—Hermano Logan —dijo uno de los diáconos cuando mi papá descendía trabajosamente del carro—, el reverendo Gabson quiere que empecemos lo más pronto posible para que salgamos temprano, antes de que nos coja la tormenta.

—Me parece muy bien —contestó mi papá, dirigiéndonos hacia la iglesia, pero antes de que llegáramos nos detuvieron los Laniers. Mientras los mayores conversaban, el pequeño Willie Wiggins y Moe Turner, que estaban con otros muchachos, le hicieron señas a Stacey para que se acercara. Stacey fue a hablar con ellos y Juan Cristóbal, el Chico y yo lo seguimos.

—¿A que no sabes a quién vimos? —le preguntó Willie, y antes de que mi hermano aventurara alguna conjetura, él mismo contestó—: A Timoteo con los hermanos Simms.

—¿Dónde? —preguntó Stacey.

—Allí —señaló Willie—. Estacionaron al lado de las aulas. Mira: ahí vienen.

Todos los ojos siguieron el dedo de Willie. Bajo la débil claridad del crepúsculo tres figuras atravesaban con paso seguro el amplio patio, los dos Simms a los lados, Timoteo en medio.

—¿Cómo es que los trae aquí? —dijo Moe Turner enfadado.

—No sé, pero lo vamos a averiguar —repuso Stacey.

—Se ve distinto —comenté cuando pude distinguirlo mejor. Vestía un par de pantalones largos, sin remiendos, y a pesar del calor pegajoso que hacía, llevaba saco y corbata, además de un sombrero echado con arrogancia sobre un lado.

—Claro que se ve distinto —dijo Moe—. Yo también me vería distinto si anduviera por ahí robando a los demás.

—¡Hola, hola amiguitos! —exclamó en voz alta Timoteo acercándose a nosotros—. ¿Nos van a dar la bienvenida a su reunión religiosa?

—¿Qué haces aquí? —le preguntó Stacey.

Timoteo rió:

—Tengo derecho de volver a mi vieja iglesia, ¿no? A ver a mis viejos amigos.

Paseó la mirada por nuestro grupo, pero nadie dio muestras de que se alegrara de verlo. Su amplia sonrisa se contrajo un poquito, luego me alcanzó a ver a mí y me tocó la cara con una mano húmeda:

—Hola, niña Cassie, ¿cómo te va?

De una palmada me quité la mano de encima.

—¡Cuidado como me tocas, Timoteo! —le advertí.

Otra vez se rió y luego habló en serio:

—¡Qué modo de recibirlo a uno! Vengo desde lejos para presentarles a mis amigos, Roberto y Melvin, y ustedes actúan como si no tuvieran ninguna educación. Sí, Roberto y Melvin —repitió pronunciando claramente los nombres para

que notáramos que no se molestaba en preceder-
los del consabido «señor»—, han sido ambos
muy buenos amigos para mí. Mejores que cualquiera de ustedes. Miren lo que me han dado
—agregó mostrando con orgullo su saco—;
buena cosa, ¿eh? Todo lo que yo quiera me lo
dan porque de veras me quieren. Yo soy su
mejor amigo. ¿No es verdad, Roberto y Melvin?

Melvin hizo señal de asentimiento, aunque
con una mueca despectiva que Timoteo no observó.

—Cualquier cosa... todo lo que yo quiera, me
lo dan; hasta la... —vaciló, temiendo ir muy
lejos, pero se lanzó—: hasta la pistola de cachas
de nácar de La Mercantil de Barnett.

Roberto avanzó y le puso la mano en el hombro asegurándole:

—Así es, Timoteo, todo lo que quieras.

Timoteo sonrió. Stacey se volvió, disgustado,
y nos dijo:

—Vamos ya, el servicio va a empezar.

Todos en grupo le volvimos la espalda y nos
dirigimos a la iglesia.

—Hola, ¿qué les pasa? —nos gritó Timoteo.
Yo le eché una última mirada. ¿Era realmente
tan tonto?

—Bueno, Timoteo —le dijo Melvin cuando
nosotros nos retirábamos—, hemos venido aquí
como nos pediste; ahora tú vienes con nosotros
a Strawberry como nos prometiste.

—No sirvió de nada —murmuró Timoteo.

—¿Qué? —dijo Roberto—. Vas a venir, ¿sí o no? Siempre quieres la pistola de cachas de nácar, ¿no?

—Sí... pero...

—Pues entonces, vamos andando —le ordenó, y se encaminó junto con Melvin a su camioneta.

Timoteo no los siguió inmediatamente. Se quedó plantado en medio del terreno, confundido y sin poderse decidir. Yo nunca lo había visto tan desoladamente solo y por un breve segundo casi sentí pena por él.

Cuando llegué a la iglesia volví a mirar atrás. Allí estaba todavía, un borrón impreciso en el crepúsculo, y pensé que tal vez no se iría con los Simms. Pero en eso un rudo pitazo de la camioneta quebró la serenidad del anochecer y Timoteo nos volvió la espalda y atravesó el campo a toda carrera.

XI

Trueno retumba
se oye mi grito
Sobre las aguas
paso a pasito
El amo viene
fila adelante
Látigo en mano
me va a azotar
Yo no lo dejo
no dejaré
Que me maltrate

Un murmullo de truenos distantes llenaba la noche. Era una noche calurosa, húmeda, un martirio para dormir. Dos veces desperté deseando que ya fuera hora de levantarme, pero ambas veces la oscuridad era total, sin el menor asomo del gris amanecer. Sentado en el porche, el señor Morrison canturreaba largas horas mientras se aproximaba la tronada. Allí había permanecido desde que anocheció, después del servicio religioso, vigilando y esperando como lo había hecho todas las noches desde que mi papá sufrió las heridas. Nadie nos había explicado jamás por qué vigilaba y esperaba, pero yo lo sabía. Era por los Wallaces.

El canto del señor Morrison se apagó y adiviné que se había ido a la parte de atrás de la casa. Tenía la costumbre de pasar allí un rato, andando con pies de gato por el patio silencioso, para después volver al porche del frente. No pudiendo dormir, me resigné a esperar su regreso contando Estados. La señorita Crocker insistía en que nos aprendiéramos de memoria los nombres de todos los Estados del país, y yo había descubierto que a veces si me imaginaba que ella los estaba contando, me quedaba dormida. Decidí contarlos geográficamente de Este a Oeste, más bien que en orden alfabético. Así era más difícil. Ya iba por las Dakotas en mi silenciosa recitación cuando me interrumpieron unos golpecitos en el porche.

Me quedé muy quieta. El señor Morrison jamás hacía un ruido como ése.

Los golpecitos sonaron otra vez.

Me bajé cautelosamente de la cama, teniendo cuidado de no despertar a Mamá Grande, que roncaba plácidamente, y me acerqué a la puerta. Afiné el oído y escuché; en seguida levanté furiosa el pestillo y salí fuera:

—¿Qué haces aquí, muchacho? —exclamé.

—Cállate, Cassie, cállate —respondió Timoteo, invisible en las tinieblas. En seguida dio otros golpecitos en la puerta del cuarto de mis hermanos y llamó suavemente—: Hola, Stacey, despiértate. Déjame entrar.

Se abrió la puerta y Timoteo se coló dentro. Yo cerré mi puerta y seguí tras él.

—Estoy en un lío, Stacey —dijo—. Lo que se llama un lío.

—Eso no es nada nuevo —anoté yo.

—¿A qué vienes aquí? —le preguntó Stacey con frialdad, aunque en voz muy baja—. Ve a que te ayuden Roberto y Melvin.

En la oscuridad lo oímos sollozar, cosa inusitada en él.

—Ellos me metieron en este lío —dijo—. ¿Dónde está la cama? Me tengo que sentar.

Tanteó en busca de la cama, arrastrando los pies como si no pudiera levantarlos del suelo.

—¡Yo no soy ninguna cama! —exclamé yo cuando me puso las manos encima.

Hubo un profundo suspiro. Stacey encendió la linterna y Timoteo encontró la cama y se sentó lentamente, teniéndose el estómago como si estuviera herido.

—¿Qué te pasó?—le preguntó Stacey, siempre desconfiado.

—Roberto y Melvin... me pegaron, me han herido —musitó Timoteo. Levantó la vista esperando conmiseración, pero nuestros rostros, duros a la luz que sostenía Stacey, no mostraban compasión. A Timoteo la vista se le oscureció; luego, desabotonándose la camisa la abrió y se miró el estómago, horrorizado. Lo tenía hinchado y negro y azul, lo mismo que el pecho. Yo hice un gesto y sacudí la cabeza al verlo.

—¡Por Dios, Timoteo! ¿Qué te pasó? —preguntó Stacey.

—Creo que se me ha reventado algo. Me duele horriblemente.

—¿Por qué te pegaron?

—Ayúdame, Stacey, ayúdame a volver a mi casa. Solo, no puedo llegar.

—Cuéntame por qué te han hecho esto.

—Porque... porque dije que iba a contar lo que pasó.

Stacey y yo nos miramos uno a otro y ambos nos acercamos más a Timoteo.

—Cuéntanos qué pasó.

Timoteo se inclinó hacia adelante, con la cabeza entre las piernas.

—Estoy... estoy muy mal, Stacey. Tengo que volver a mi casa antes de que se despierte mi papá... Me amenazó que si me quedaba otra noche por fuera, me iba a echar de la casa, y es en serio. Si me echa, no tengo adónde ir. Tienes que ayudarme.

—Cuéntanos qué pasó.

Timoteo empezó a llorar:

—Pero me dijeron que me harían algo peor si contaba.

—Está bien. Yo no me voy a mover de aquí hasta que sepa qué fue lo que pasó —dijo Stacey en tono que no admitía réplica.

Timoteo estudió su expresión a la débil luz de la linterna y al fin contó la historia:

Después de que estuvieron en Great Faith, él y los hermanos Simms se fueron directamente a Strawberry por la pistola de cachas de nácar, pero cuando llegaron La Mercantil ya estaba cerrada. Los Simms dijeron que no tenía objeto hacer otro viaje, que mejor era entrar y cogerla de una vez. Timoteo se asustó con esa idea, pero ellos le aseguraron que no corrían ningún peligro. Si los sorprendían, dirían sencillamente que necesitaban la pistola esa noche y que se proponían pagarla el lunes.

En el cuarto de almacén detrás de la tienda había una ventanilla abierta, por la cual podía meterse un niño o una persona tan flaca como Timoteo. Después de esperar casi una hora hasta que apagaran todas las luces en las habitaciones de los Barnetts, que quedaban en el segundo piso, Timoteo se introdujo por la ventanilla, abrió la puerta y entraron los Simms, cubiertas las caras con medias y las manos enguantadas. Timoteo, temiendo entonces que ellos tuvieran otras intenciones, quiso irse sin la pistola, pero Roberto insistió en dársela, para lo cual rompió la cerradura de la vitrina de las armas con un hacha y le dio a Timoteo la anhelada pistola.

En seguida Roberto y Melvin se dirigieron a un armario que estaba contra la pared y trataron de forzar la cerradura de bronce. Después de varias tentativas infructuosas, Roberto le asestó un fuerte hachazo y la cerradura saltó. Pero cuando Melvin se apoderaba de una caja de metal que había dentro, apareció en las escaleras el señor Barnett, linterna en mano, seguido de su mujer.

Durante un largo rato nadie se movió ni dijo una palabra. El señor Barnett dirigió el haz de la linterna directamente sobre Timoteo, luego sobre Roberto y Melvin con las caras tapadas con las medias. Pero cuando vio rota la cerradura del armario, estalló en acción frenética bajando como loco las escaleras y tratando de arrebatarle a Melvin la caja de metal. Lucharon, y Melvin llevaba las de perder hasta que Roberto acometió por detrás al señor Barnett y le dio un fuerte golpe en la cabeza con la parte plana del hacha. El señor Barnett se desplomó al suelo como un cuerpo muerto. Cuando la señora Barnett vio caer a su marido, se lanzó sobre Roberto gritando:

—¡Negros miserables, mataron a mi marido, mataron a Jim Lee!

Roberto, tratando de soltarse de sus garras, le dio una bofetada y la mujer cayó de espaldas, se golpeó la cabeza contra una de las estufas y no se movió más.

Una vez afuera, Timoteo quiso correr a su casa, pero los Simms le dijeron que todavía les faltaba algo por hacer y que los esperara en la parte trasera de la camioneta. Timoteo protestó, amenazando con denunciar que ellos habían sido los que golpearon a los Barnetts si no lo llevaban a su casa. Entonces ambos arremetieron contra él y lo golpearon en forma tan salvaje que no se podía mover; luego lo tiraron en la parte trasera de la camioneta y se fueron calle abajo hacia el billar. Timoteo se estuvo allí lo que le pareció como una hora, antes de bajarse del vehículo y emprender el regreso a su casa. Como a media milla de distancia lo recogió en su carro un campesino que iba a Smellings Creek por Soldiers Road. No queriendo pasar a pie frente a la casa de los Simms por temor de que Roberto y Melvin regresaran por el camino de Jackson, no se apeó en el cruce del camino de la escuela Jefferson Davis sino que cruzó el puente con el granjero, se apeó en el cruce que queda más allá y dio un rodeo para llegar a nuestra casa por el Oeste.

—Timoteo, los Barnetts... ¿quedaron muertos? —preguntó Stacey cuando aquél concluyó su narración. Timoteo sacudió la cabeza.

—Yo no sé. Sí parecían muertos —repuso, y levantándose con una mueca de dolor agregó—: Stacey, ayúdame a llegar a mi casa. Tengo miedo de ir solo. Roberto y Melvin me pueden estar esperando.

—¿Estás seguro de que no estás mintiendo, Timoteo? —dije yo desconfiada.

—Juro que todo lo que les he dicho es la verdad... Confieso que mentí diciendo que no había denunciado a su mamá, pero esta vez no estoy diciendo mentiras.

Stacey pensó un momento.

—¿Por qué no te quedas aquí esta noche? Mi papá le explicará a tu papá todo lo que pasó para que no te eche...

—¡No! —exclamó Timoteo lleno de terror—. No le puedo contar a nadie.

Se dirigió a la puerta, teniéndose los costados, pero antes de que pudiera llegar, las piernas le fallaron y Stacey lo agarró y lo volvió a conducir a la cama.

Yo lo estudié con cuidado bajo la luz, segura de que nos estaba engañando. Pero entonces tosió y echó sangre de la boca; tenía los ojos vidriosos, la cara pálida, y comprendí que esta vez no estaba fingiendo.

—Estás malherido —le dijo Stacey—. Déjame

llamar a Mamá Grande. Ella sabrá lo que hay que hacer.

Timoteo sacudió débilmente la cabeza.

—Mi mamá... yo sólo le digo que esos muchachos blancos me pegaron por nada y ella me cree... ella me cuida. Pero si despiertas a tu abuela interviene tu papá. ¡Stacey, por favor! Tú eres mi único amigo. Nunca he tenido un amigo de verdad sino tú.

Temí lo que Stacey pudiera hacer. Hasta donde llegaba mi recuerdo, él siempre se había sentido responsable por Timoteo. Nunca comprendí por qué. Quizá pensaba que hasta un ser tan despreciable como Timoteo necesitaba de alguien a quien pudiera llamar amigo, o tal vez sentía la vulnerabilidad de Timoteo mejor que él mismo.

—Stacey, ¿no vas a ir, verdad? —murmuré.

Stacey se humedeció los labios, pensando. Luego me miró.

—Ve a acostarte, Cassie. No me va a pasar nada.

—Sí, no te va a pasar nada porque yo se lo voy a decir a mi papá —grité, volviéndome para correr al otro cuarto, pero Stacey me agarró en la oscuridad.

—Mira, Cassie, no tardaré más de veinticinco o treinta minutos en ir y volver. Créeme, no me va a pasar nada.

—Entonces tú eres tan necio como él —dije

frenética—. No le debes nada, sobre todo después de lo que le hizo a mi mamá.

—Está herido, Cassie. Tengo que llevarlo a su casa.

Me soltó y fue a buscar sus pantalones.

—Bueno, pero no te vas sin mí —le dije, pensando que si él iba a ser tan bobo de salir a medianoche a llevar a su casa a otro más bobo aún, lo menos que yo podía hacer era ver que volviera sano y salvo.

—Tú no puedes ir, Cassie.

—¿A dónde vas? —chilló el Chico, sentándose en la cama. Juan Cristóbal también se sentó, bostezando de sueño.

—¿Ya es de mañana? —prosiguió el Chico parpadeando por la luz y frotándose los ojos—. ¿Por qué están todos despiertos? Timoteo, ¿tú qué haces aquí? ¿A dónde van?

—A ninguna parte —dijo Stacey—. Yo sólo voy a acompañar a Timoteo a su casa. Tú vuélvete a dormir.

El Chico saltó de la cama y tomó su ropa de una percha donde la había colgado cuidadosamente.

—Yo también voy —exclamó.

—Yo no —dijo Juan Cristóbal volviéndose a acostar.

Mientras Stacey trataba de hacer acostar al Chico, yo me asomé al porche para asegurarme de que el señor Morrison no anduviera por allí y en seguida corrí a mi cuarto a cambiarme. Cuando salí otra vez, los muchachos estaban en el porche y Juan Cristóbal, con los pantalones al hombro, protestaba entre dientes contra esa caminata nocturna. Stacey trató de persuadirlos de que se quedaran, pero el Chico no quiso y Juan Cristóbal, a pesar de todas sus protestas, no quería quedarse solo. Por fin Stacey cedió y sosteniendo a Timoteo que se apoyaba en él, emprendió la marcha. Los demás los seguimos.

Ya en el camino, Juan Cristóbal logró ponerse los pantalones. En silencio, muertos de miedo y deseando sólo dejar tirado a Timoteo en el porche de su casa y volar otra vez a la seguridad de nuestras camas, nos dimos prisa a recorrer el camino invisible, iluminado apenas por el redondel de la linterna.

La tempestad estaba ya más cerca. Los truenos retumbaban con enfado sobre la profundidad del bosque y los relámpagos se sucedían rápidamente cuando desembocamos del sendero al patio desierto de los Averys.

—¿Me esperan hasta que entre? —nos pidió Timoteo.

—Aquí no hay nadie —dije yo de mal modo—. ¿Para qué quieres que esperemos?

—Anda, Timoteo, aquí esperamos —dijo Stacey.

—Gracias a todos —contestó Timoteo cojeando hasta el lado de la casa, donde había una ventana abierta por la cual se coló trabajosamente a su cuarto.

—Vámonos de aquí, pronto —dijo Stacey dirigiéndonos al sendero. Pero cuando nos acercábamos al bosque, el Chico se detuvo.

—Miren. ¿Qué es eso?

A lo lejos, más allá de la casa de los Averys, aparecieron unas luces brillantes por el camino cerca de la mansión de Granger. Allí se detuvieron un instante y luego viraron hacia la casa de Avery. Al primer par de luces siguió otro, luego un tercero, hasta que vimos una media docena de faros enfocados sobre el sendero.

—¿Qué pasa? —gritó Juan Cristóbal.

Por un instante que pareció interminable nos quedamos viendo las luces que se acercaban, pero Stacey apagó la linterna y nos ordenó ocultarnos en el bosque. Nos tendimos en tierra entre los matorrales.

Dos volquetes y cuatro automóviles entraron al patio, con los faros enfocados como reflectores sobre el porche de los Averys. De los vehículos descendieron varios hombres dando voces airadas y metiendo mucho ruido, y rodearon la casa.

Kaleb Wallace y su hermano Thurston, con el brazo izquierdo en cabestrillo colgándole al lado, dieron fuertes golpes en la puerta con la culata de sus rifles.

—¡Afuera todo el mundo! —gritó Kaleb—.

Queremos a ese negro ladrón, asesino, que tienen allí.

Otros dos hombres se unieron a los Wallaces en el porche. Yo sentí el mismo miedo nauseante que había experimentado la noche que pasaron los hombres de la noche cuando mi papá volvió a casa herido.

—¿Qué irán a hacer? —musité al oído de Stacey.

—No sé.

—¿No son aquellos Roberto y Melvin? ¿Es posible...?

Stacey rápidamente me tapó la boca con la palma de la mano a tiempo que Melvin daba con su cuerpo un gran empellón a la puerta tratando de abrirla y Roberto rompía una ventana con su rifle. Por el lado de la casa varios hombres se entraron por la misma ventana por donde se había metido Timoteo pocos minutos antes. Pronto se abrió desde adentro la puerta delantera y sacaron al señor y a la señora Avery arrastrándolos salvajemente por los pies. A las niñas las tiraron por las ventanas abiertas. A las niñas mayores que trataron de proteger a los pequeños les pegaron y les escupieron. En seguida sacaron al dulce Claudio, lo tiraron al suelo y lo patearon.

—¡Claudio! —gimió Juan Cristóbal y quiso incorporarse, pero Stacey lo contuvo y lo hizo callar.

—Tenemos que pedir ayuda —dijo Stacey, pero ninguno de nosotros podía moverse. Yo veía el mundo desde fuera de mí misma.

Entonces sacaron arrastrando de rodillas a Timoteo. Tenía la cara ensangrentada y cuando quiso hablar, gimió de dolor, mascullando las palabras como si tuviera rotas las quijadas. El señor Avery trató de pararse para auxiliarlo, pero lo rechazaron de un golpe.

—¡Vean lo que encontramos! —dijo uno de los hombres enseñando una pistola—. La pistola de cachas de nácar de la tienda de Jim Lee.

Stacey murmuró:

—Qué idiota, no haber tirado esa cosa.

Timoteo masculló algo que no alcanzamos a oír y Kaleb Wallace tronó:

—No mientas más, muchacho, que ya estás en un lío de verdad. Tú estuviste en la tienda. La señora Barnett, cuando volvió en sí, declaró que los ladrones fueron tres mozos negros y que los golpearon a ella y a su marido. Y Roberto y Melvin te vieron a ti y a los otros dos negros que salían corriendo por detrás de la tienda cuando ellos iban al billar a jugar una partida...

—Pero fueron Roberto y Melvin... —alcancé a decir yo antes de que Stacey me tapara otra vez la boca. Kaleb concluyó:

—Ahora, confiesa quiénes eran los otros dos y dónde está el dinero que se robaron entre los tres.

Lo que respondió Timoteo seguramente no era lo que Kaleb quería oír, pues echó atrás la pierna y le propinó una patada en el estómago ya hinchado, con tal violencia que Timoteo lanzó un grito de dolor y cayó al suelo boca abajo.

—¡Dios mío, Dios mío! —gritó la señora Avery soltándose de los que la sujetaban y corriendo al lado de su hijo—. ¡No le peguen más! ¡Mátenme a mí más bien, a él no!

Pero antes de que pudiera llegar, la agarraron por un brazo y la lanzaron tan brutalmente contra la pared que cayó inconsciente, mientras que el señor Avery, luchando por socorrerla, no podía salvarlos ni a ella ni a Timoteo.

Juan Cristóbal sollozaba sin poderse contener. Stacey me dijo:

—Cassie, llévate al Chico y a Juan Cristóbal...

En la distancia aparecieron los faros de otros dos automóviles, e inmediatamente Stacey calló. Uno de los vehículos paró en el camino de Granger, con las luces dirigidas inútilmente a la negrura de los algodonales; pero el que iba adelante enfiló loca y velozmente el agrietado sendero en dirección a la casa de los Averys, y antes de que hubiera parado del todo saltó fuera el señor Jamison. Pero una vez fuera del automóvil, se quedó muy quieto observando la escena; en seguida miró a cada uno de los hombres como si se preparara para acusarlos en el juzgado y dijo suavemente:

—¿Ustedes han resuelto hacer un juicio aquí esta noche?

Se hizo un silencio embarazoso. Kaleb Wallace habló:

—Oiga usted, señor Jamison, será mejor que no se meta en esto.

—O si no —agregó Thurston acaloradamente—, también seríamos capaces de dar cuenta esta noche de un partidario de los negros.

Una tensión eléctrica cargó el ambiente, pero la expresión del señor Jamison no se inmutó con la amenaza.

—Jim Lee Barnett y su mujer están vivos. Entréguennos el muchacho al jefe de policía y a mí. Que la ley decida si es culpable o no.

—¿Dónde está Hank? —preguntó uno—. Yo no veo ninguna ley.

—Está allá con Harlan Granger —repuso el señor Jamison—. Ya viene. Suelten al muchacho.

—Por mí, yo digo que acabemos de una vez con él —gritó una voz—. No hay para qué gastar tiempo y dinero juzgando a un negro ladrón.

Una oleada de odio crecía entre los presentes cuando llegó el segundo automóvil. Callaron momentáneamente mientras bajaba de él el jefe de policía. Este los miró intranquilo, como quien hubiera preferido no encontrarse allí, y luego al señor Jamison.

—¿Dónde está Harlan? —preguntó el señor Jamison.

Sin contestarle, el jefe de policía se volvió a los hombres y les habló así:

—El señor Granger manda a decir que no va a tolerar que ahorquen a nadie en terrenos de su propiedad. Dice que si le tocan un pelo de la cabeza a este muchacho mientras esté en esta tierra, los hará responsables a todos ustedes.

Recibieron esta noticia en hosco silencio. Luego Kaleb Wallace gritó:

—Entonces, vamos a otra parte. Lo que debemos hacer es llevarlo camino abajo y al mismo tiempo arreglamos cuentas con aquel negro gigante.

—¿Y por qué no también con el tipo para quien trabaja? —dijo Thurston.

—¡Stacey! —dije yo con voz entrecortada.

—Shhh...

Todos aprobaron ruidosamente.

—Yo tengo tres cuerdas nuevas —exclamó Kaleb.

—¿Nuevas? ¿Y para qué vas a desperdiciar una cuerda nueva en un negro? —preguntó Melvin Simms.

—Como el negrazo es tan grande, una cuerda vieja se puede reventar.

Festejaron esta salida con risotadas y se dirigieron a sus automóviles, arrastrando consigo a Timoteo.

—¡No! —gritó el señor Jamison, corriendo a proteger a Timoteo con su propio cuerpo.

—Cassie —me dijo Stacey con angustia—, ve ahora sí a llamar a mi papá. Dile lo que ha pasado. Yo no creo que el señor Jamison los pueda contener...

—Ven tú también.

—No. Yo espero aquí.

—Yo no me voy sin ti —declaré temerosa de que fuera a cometer alguna imprudencia, como tratar de salvar a Timoteo él solo.

—Cassie, por favor, haz lo que te pido. Mi papá sabrá lo que hay que hacer. Alguien tiene que quedarse aquí en caso de que se lleven a Timoteo a algún lugar escondido del bosque. No me va a pasar nada.

—Bueno... —yo todavía vacilaba.

—Por favor, Cassie, confía en mí.

—¿Prometes que no te vas allá tú solo?

—Te lo prometo. Ve a llamar a mi papá y al señor Morrison antes de que lo maltraten más.

Me puso en la mano la linterna apagada y me empujó para hacerme levantar. Tomando de la mano al Chico, le dije que se agarrara de la de Juan Cristóbal y los tres juntos nos internamos por el sendero negro, sin atrevernos a encender la linterna por temor de ser vistos.

El trueno retumbaba por todos los rincones del mundo y grandes fucilazos rasgaban el cielo cuando salimos al camino, pero no nos detuvimos. No nos atrevíamos a detenernos. Teníamos que avisarle a mi papá.

XII

Cuando nos acercábamos a la casa, el débil resplandor de una lámpara de queroseno iluminaba la ventana del cuarto de mis hermanos.

—¿Será que ya saben? —dijo Juan Cristóbal sin aliento mientras corríamos por el patio hacia la puerta.

—Eso no lo sé, pero lo que saben es que nosotros no estamos donde debiéramos estar.

Subimos al porche haciendo mucho ruido y abrimos la puerta, que no estaba con cerrojo. Mi mamá y Mamá Grande, que estaban de pie a los pies de la cama, se volvieron cuando entramos.

—¡Bendito sea Dios, aquí están! —exclamó Mamá Grande.

—¿De dónde vienen a estas horas? —preguntó mi mamá con un gesto extraño—. ¿Qué es eso de andar fuera a estas horas de la noche?

Antes de que pudiéramos contestar, apareció en la puerta mi papá, vestido y con la correa de cuero en la mano.

—Papá...

—¿Dónde está Stacey?

—Allá... en la casa de Timoteo, papá.

—Ese muchacho se está creyendo muy hombre —dijo mi papá obviamente enfadado—. Yo les voy a enseñar a todos a no salirse de la casa por la noche... y sobre todo a Stacey que ya debía tener más juicio. Si no fuera porque el señor Morrison vio la puerta abierta, se habrían creído que nos estaban engañando, como Timoteo. Pues van a aprender en este momento que en esta casa no hay Timoteos...

—Papá, Claudio está herido —gritó Juan Cristóbal mientras las lágrimas le rodaban en las mejillas por su amiguito.

—Y Timoteo también —dijo el Chico temblando.

—¿Cómo? —dijo mi papá apretando los ojos—. ¿De qué están hablando?

—Papá, los hirieron... casi los matan... y...

No pude terminar. Mi papá vino hacia mí y me tomó la cara entre sus manos.

—¿Qué fue, Cassie, mi niña? Cuéntame qué pasó.

Todo, todo se lo conté. Que Timoteo y los

Simms asaltaron La Mercantil, que él vino a medianoche huyendo de los Simms, que vinieron los hombres esos y lo que les hicieron a los Averys. Le conté lo que hizo el señor Jamison y la amenaza de los hombres de venir a nuestra casa a matarlos a él y al señor Morrison.

—¿Y Stacey se quedó allá? —me preguntó mi papá cuando terminé.

—Sí señor, pero escondido en el bosque. Ellos no saben que está allí.

—Tengo que sacarlo de allí —dijo, girando en redondo y dirigiéndose a su pieza con una agilidad de que no lo creía capaz, con su pierna mala. Mi mamá lo siguió, y mis hermanos y yo fuimos detrás.

De encima de la cama bajó su escopeta.

—David, con la escopeta no. Así no los puedes detener.

—No hay otra manera —repuso metiéndose al bolsillo de la camisa una caja de cartuchos.

—Si les disparas, te ahorcan con seguridad. Sería darles en la vena del gusto.

—Si no me ahorcan a mí, ahorcan a Timoteo. Esto se veía venir, querida, y Timoteo ha sido bastante tonto para provocarlo. Pero tonto o no, no puedo permitir que maten al muchacho. Y si encuentran a Stacey...

—Sí, David, es cierto, es cierto. Pero tiene que haber otra manera, sin que te maten a ti.

—Es posible que eso lo hayan pensado de

todas maneras. Si vienen aquí, Dios sabe lo que puede ocurrir. Y yo quemo hasta el último tiro antes de permitir que le hagan daño a ninguna persona de esta casa.

Mi mamá lo cogió del brazo:

—Dile a Harlan Granger que los detenga. Si él se lo ordena, se vuelven a sus casas.

Mi padre sacudió la cabeza.

—Los automóviles tenían que pasar precisamente la casa de él para ir hasta la de los Averys, y si él hubiera tenido intención de detenerlos, los habría detenido sin que yo se lo pidiera.

—Entonces, oblígalo.

—¿Cómo? ¿Poniéndole una pistola en la sien?

La dejó y regresó al cuarto de los muchachos.

—¿Viene conmigo, señor Morrison?

El señor Morrison asintió y salió con él al porche, armado con un rifle. Mi mamá saltó como una gata y volvió a agarrar a mi papá por el brazo.

—David, no... no dispares la escopeta.

En ese momento un rayo partió la noche con fulgor deslumbrante. La brisa corría mansamente en dirección al Este.

—Tal vez... —empezó a decir, pero se contuvo.

—¿David?

Mi papá le acarició el rostro tiernamente con las yemas de los dedos y le dijo:

—Yo haré lo que tengo que hacer, Mary... y tú también.

Luego se apartó de ella y desapareció en la noche junto con el señor Morrison.

Mi mamá nos reunió otra vez en su pieza, donde Mamá Grande cayó de rodillas y rezó una poderosa oración. Después, ella y mi mamá se vistieron y todos nos quedamos sentados en silencio, mientras el calor nos subía pegajoso y húmedo por la ropa, y el trueno retumbaba amenazador sobre nuestras cabezas. Mi mamá, con los nudillos tensos contra la piel y agarrando el brazo de la silla, nos miraba a nosotros, que estábamos completamente despiertos y muertos de miedo.

—Ni para qué mandarlos a acostarse —murmuró. Nosotros levantamos la vista. No esperaba respuesta. No le dimos ninguna y no se dijo nada más mientras pasaban los minutos de la noche y la espera nos oprimía tanto como el calor.

De pronto mi mamá tuvo un sobresalto. Husmeó el aire.

—¿Qué sucede, hija? —le preguntó Mamá Grande.

—¿No te huele a humo? —dijo mi mamá dirigiéndose a la puerta y abriéndola. El Chico, Juan Cristóbal y yo la seguimos, asomándonos por detrás de ella a la puerta. En los confines del campo, donde el terreno caía en declive hacia el bosque de Granger, ardía un incendio, impulsado hacia el Este por el viento.

—¡Mamá, se está quemando el algodón! —grité yo.

—¡Dios mío! —exclamó Mamá Grande—. Seguro que un rayo lo incendió.

—Si llega a los árboles, se quemará todo, desde aquí hasta Strawberry —dijo mi mamá—. Quédense aquí.

Y diciendo esto, corrió a la puerta lateral y atravesó el patio en dirección al establo, pidiéndole al mismo tiempo a Mamá Grande que tuviera lista una tina de agua. Mamá Grande se dirigió a la cocina seguida por nosotros.

—¿Qué vamos a hacer, Mamá Grande? —le pregunté.

Mamá Grande salió al porche de atrás, llevó dentro la tina de lavar la ropa y empezó a llenarla de agua.

—Tenemos que tratar de apagar las llamas antes de que lleguen a los árboles. Háganse a un lado, niños, que se mojan.

A los pocos minutos regresó mi mamá con los brazos cargados de costales, que metió rápidamente en el agua y volvió a salir a la carrera. Cuando regresó, llevaba dos palas y unos cuantos costales más.

—Mamá, ¿qué vas a hacer con todo eso? —preguntó el Chico.

—Es para apagar el incendio.

—Oh —dijo el Chico cogiendo una pala mientras yo me iba a apoderar de la otra.

—No —dijo mamá—. Ustedes se quedan aquí.

—Mary, niña, ¿no crees que sería mejor llevarlos? —dijo Mamá Grande, que había estado empapando los costales. Mi mamá lo pensó un momento mordiéndose el labio inferior, luego sacudió la cabeza.

—Nadie puede llegar hasta aquí desde la casa de los Grangers sin que lo veamos. Yo prefiero que se queden aquí y no correr el riesgo de que estén cerca del fuego.

En seguida nos previno, con un extraño brillo en la mirada:

—Cassie, Juan Cristóbal, Clayton Chester, óiganme bien: no se acerquen al fuego. Si ponen un pie fuera de esta casa los desuello vivos... ¿Me entienden?

—Sí señora, mamá —dijimos solemnemente.

—Y se están adentro. Los rayos son peligrosos.

—Pero mamá, ustedes se van allá donde están cayendo rayos —dijo Juan Cristóbal.

—No hay remedio, nene. Tenemos que contener las llamas.

Colocaron las palas atravesadas sobre la tina y cada una tomó una de las asas de ésta. Al salir, mi mamá nos echó otra mirada, con una expresión incierta, como si no quisiera dejarnos solos.

—Mucho cuidado, niños —nos recomendó Mamá Grande, y luego las dos, llevando la pesada tina, atravesaron el patio en dirección a la huerta. Desde allí podían cortar camino por la pradera del Sur y llegar adonde estaba ardiendo el algodón. Las seguimos con la vista hasta que se las tragó la tiniebla que mediaba entre la casa y el incendio; luego corrimos otra vez al porche del frente desde donde la vista era más clara. Allí nos quedamos estáticos viendo cómo las llamas devoraban el algodón y reptaban peligrosamente cerca del borde del bosque.

—¿Nos vamos a quemar todos, Cassie? —dijo Juan Cristóbal.

—No... las llamas van para el otro lado, hacia el bosque.

—Entonces van a quemar los árboles —agregó con tristeza.

El Chico me tiró del brazo.

—¡Mi papá y Stacey y el señor Morrison están en los árboles!

Y este niño que tenía una voluntad de hierro empezó a llorar. Juan Cristóbal también. Los tres nos abrazamos. Estábamos solos.

—¡Hola! ¿Están bien?

Miré en la oscuridad sin ver otra cosa que el humo gris y la franja roja del fuego hacia el Este.

—¿Quién es?

—Soy yo —repuso Jeremy Simms llegando a la carrera.

—Jeremy, ¿qué haces aquí a estas horas de la noche? —dije sorprendida de verlo.

—Ya no es de noche, Cassie. Ya va a amanecer.

—¿Pero tú qué haces aquí? —repitió el Chico.

—Yo estaba dormido allá en mi árbol, como siempre...

—¿En semejante noche? —dije yo—. No hay duda de que estás chiflado.

Pareció un poco avergonzado, pero se alzó de hombros.

—Bueno, pues allí estaba y me olió a humo. Como venía de este lado pensé que podía ser tu casa, así que corrí a avisarle a mi papá, y él y yo vinimos aquí hace como una hora.

—¿De modo que han estado apagando el incendio?

—Sí. Mi papá, y Roberto y Melvin también.

—¿Roberto y Melvin? —exclamamos a un tiempo el Chico, Juan Cristóbal y yo.

—Pero si ellos estaban...

De un codazo hice callar a Juan Cristóbal.

—Sí, ya estaban allá cuando nosotros llegamos. Y también muchos otros hombres del pueblo. No sé qué estarían haciendo por allá —agregó con expresión de perplejidad.

—¿Es muy grande? —pregunté sin hacer caso de sus perplejidades—. ¿Se está quemando mucho algodón?

—Es curioso —dijo distraído—. El incendio fue por un rayo que cayó en un poste de la cerca, y seguro que una chispa saltó al algodón. Se habrá quemado como la cuarta parte... Es suerte que no venga hacia acá.

—Los árboles —dijo Juan Cristóbal—, los alcanza a quemar, ¿no?

Jeremy tendió la mirada sobre los campos, protegiéndose los ojos del resplandor del fuego.

—Están haciendo todo lo posible para detenerlo. Tu papá y el señor Granger...

—¿Mi papá? ¿Viste a mi papá? ¿Está bien? —exclamó Juan Cristóbal ansiosamente.

—Sí, no le ha pasado nada —repuso Jeremy mirándolo con extrañeza.

—¿Y a Stacey también lo viste?

—Sí, también está con ellos.

El Chico, Juan Cristóbal y yo cambiamos una mirada, apenas un poco aliviados, y Jeremy continuó, aunque mostraba algo de desconfianza.

—Tu papá y el señor Granger les mandaron a los hombres que cavaran una trinchera honda a lo largo de la loma y dijeron que iban a quemar el pasto desde la trinchera hasta el algodonal.

—¿Y con eso crees que lo detengan? —pregunté yo.

—Quién sabe. Ojalá que lo puedan detener —dijo mirando muy dudoso al fuego—. Lo que sí serviría sería un buen aguacero.

Estalló un trueno violento y un relámpago iluminó el campo. Todos volvimos los ojos al cielo en espera de la lluvia, que no caía. Como no pasaba nada, Jeremy suspiró:

—Tengo que irme. La señora Logan dijo que ustedes se habían quedado en la casa y por eso vine a verlos.

Corrió loma abajo, haciéndonos señas de despedida. Al llegar al camino se detuvo y se quedó muy quieto; luego estiró las manos, vaciló un instante, y se volvió gritando como loco:

—¡Amigos, está lloviendo! ¡Está lloviendo!

El Chico, Juan Cristóbal y yo saltamos del porche abajo y corrimos descalzos por el prado, sintiendo la lluvia fresca en la cara. Y reímos y gritamos gozosos en la noche atronadora, olvidando por el momento que todavía no sabíamos qué le habría sucedido a Timoteo.

Cuando la aurora se asomó amarrillenta y tiznada de hollín sobre el horizonte, el incendio ya estaba apagado y la tempestad había virado al Este después de una hora de copiosa lluvia. Me paré tiesa, ardiéndome los ojos por el humo, y miré sobre el algodonal hacia la loma, apenas visible en el brumoso amanecer. Cerca del declive donde antes se erguían tallos de algodón, con sus capullos pardos reventando en pequeños copos blancos, la tierra yacía achicharrada, desolada, negra, todavía echando los vapores de la noche.

Quise ir a echar un vistazo más de cerca, pero esta vez no me fue posible convencer a Juan Cristóbal.

—No —repitió una y otra vez—. Yo no voy.

—Si lo que mamá dijo fue que no quería que nos acercáramos al fuego, pero ya está apagado.

Juan Cristóbal apretó los labios, cruzó los brazos y se plantó. Viendo que no lo podía persuadir, volví a mirar al campo y decidí no esperar más.

—Está bien, quédate aquí. Nosotros ya volvemos.

Y sin hacer caso de sus protestas, el Chico y yo salimos corriendo por el camino empapado.

—De verdad no viene —dijo el Chico sorprendido, mirando por encima del hombro.

—Parece que no —dije yo, buscando señales del incendio en el algodón. Más adelante en el camino los tallos se veían chamuscados y la fina ceniza gris del incendio formaba en ellos una gruesa capa, lo mismo que en el camino y en los árboles del bosque.

Cuando llegamos a la parte quemada del campo observamos la destrucción. Hasta donde la vista alcanzaba, la línea de fuego se había extendido hasta la mitad de la loma, pero se había detenido en la trinchera. El viejo roble permanecía intacto. Una multitud de hombres y mujeres cruzaban el campo lenta, mecánicamente, como sonámbulos, y echaban paladas de tierra sobre focos de fuego que no se querían apagar. Se cubrían la cara con grandes pañuelos y muchos llevaban sombrero, de modo que era difícil identificarlos, aun cuando sí era obvio que sus filas se habían engrosado: a las dos docenas de vecinos se habían unido muchos granjeros de los alrededores. Por el sombrero azul desgarbado reconocí al señor Lanier que trabajaba al lado del señor Simms, sin prestar atención el uno al otro, y a mi papá cerca de la loma, que daba órdenes a dos de los vecinos. El señor Granger apaleaba unas matas aún en ascua cerca de la pradera del Sur, donde el señor Morrison y mi mamá azotaban la tierra quemada.

Más próximo a la cerca un hombre corpulento, con la cara cubierta como los demás, examinaba mecánicamente el campo en busca de llamas escondidas bajo los esqueletos calcinados de tallos rotos. Al llegar a la cerca se recostó a descansar un momento y se quitó el pañuelo para enjugarse el rostro. Tosió y miró en torno. Sus ojos se posaron en nosotros, pero pareció no reconocernos. Era Kaleb Wallace. Después de un momento tomó otra vez la pala y volvió al trabajo sin decir una palabra.

El Chico me codeó:

—Mira, Cassie, allá van mi mamá y Mamá Grande.

Seguí la dirección de su dedo. Las dos se dirigían a la casa.

—Ven, vámonos —le dije corriendo camino arriba.

Cuando llegamos nos limpiamos los pies en el prado húmedo y nos reunimos con Juan Cristóbal en el porche. Parecía un poco asustado de estar solo y se alegró de vernos.

—¿Están bien? —preguntó.

—Claro que estamos bien —repuse tendiéndome en el porche y tratando de recuperar el resuello.

—¿Cómo se veía?

No tuvimos tiempo de contestar porque mi mamá y Mamá Grande llegaron del campo con Stacey, llevando en las manos los restos ennegrecidos de los costales. Corrimos a su encuentro.

—Stacey, ¿estás bien? —exclamé—. ¿Qué le pasó a Timoteo?

—¿Y a Claudio? —interpuso Juan Cristóbal.

—¿Mi papá y el señor Morrison no vienen? —preguntó el Chico.

Mi mamá levantó una mano, cansada, enlazó a Juan Cristóbal con sus brazos y nos dijo:

—Niños, niños. Claudio está bueno y sano. Y su papá y el señor Morrison no tardan en venir.

—¿Pero qué le pasó a Timoteo? —insistí yo.

Mi mamá suspiró y dejando los costales en el suelo se sentó en las escaleras. Mis hermanos se sentaron a su lado. Mamá Grande subió y abrió la puerta de nuestro cuarto.

—Me voy a cambiar —dijo—. La señora Fannie necesitará quien le ayude.

—Dile que yo iré apenas deje a los niños acostados y arregle un poco la casa—le dijo mi mamá. En seguida se volvió a nosotros, que esperábamos ansiosos por saber qué había ocurrido. Una leve sonrisa se dibujó en sus labios pero no era de alegría.

—Timoteo está bien. El jefe de policía y el señor Jamison lo llevaron a Strawberry.

—¿Por qué, mamá? ¿Hizo algo malo? —preguntó el Chico.

—Eso creen, sí, creen que hizo algo malo.

—¿Pero no le pegaron más? —pregunté yo.

Stacey miró a mi mamá para ver si ella quería que contestara, y luego, con la voz alterada, dijo:

—El señor Granger los detuvo y los mandó a apagar el incendio.

Sentí que había algo más pero antes de que pudiera preguntarlo intervino Juan Cristóbal:

—¿Entonces mi papá y el señor Morrison no tuvieron que pelear con ellos? ¿No tuvieron que disparar las armas?

—No, gracias a Dios —dijo mi mamá.

—Estalló el incendio —prosiguió Stacey— y el señor Morrison me encontró a mí, y esos hombres vinieron todos a tratar de apagar las llamas y nadie tuvo que pelear con nadie.

—¿El señor Morrison te encontró? —pregunté yo confusa—. ¿Y mi papá dónde estaba?

Otra vez Stacey volvió a mirar a mi mamá y por un momento ambos guardaron silencio.

Luego Stacey dijo:

—El no podía subir la loma... con esa pierna mala.

Esto no me convenció. Yo lo había visto moverse con su pierna mala. Habría podido subir la loma si hubiera querido.

—Bueno —dijo mi mamá poniéndose de pie—, ha sido una noche larga y penosa y es hora de que todos se acuesten.

Yo le toqué el brazo.

—¿Mamá, se perdió mucho algodón? ¿Lo que queda alcanza para pagar los impuestos?

Me miró con sorpresa. Yo me prendí más a ella, esperando una respuesta y al mismo tiempo temerosa de oírla.

—¿De cuando acá te preocupas tú por los impuestos? —me dijo—. Los impuestos se pagarán, no te afanes. Ahora, a la cama.

No me dio ninguna otra explicación. El Chico protestó:

—Yo quiero esperar a mi papá y al señor Morrison.

—Yo también —coreó Juan Cristóbal.

—¡Adentro!

Todos entramos menos Stacey, y a él no lo obligó mi mamá. Pero apenas desapareció ella en el cuarto de los muchachos para ver que se acostaran el Chico y Juan Cristóbal, yo volví al porche y me senté al lado de mi hermano.

—Debías estar en la cama —me dijo.

—Quiero saber qué pasó allá abajo.

—Ya te dije que el señor Granger...

—Yo vine a llamar a mi papá y al señor Morrison como tú me pediste —le recordé—; ahora tú tienes que contarme qué pasó después de que yo me vine.

Stacey suspiró y se frotó la sien izquierda distraídamente, como si le doliera la cabeza.

—No pasó mucho, sino que el señor Jamison siguió tratando de convencerlos, pero después de un rato ellos lo empujaron para quitarlo de en medio y metieron a Timoteo en uno de sus automóviles. Pero el señor Jamison subió rápido al suyo y les tomó la delantera a la casa de Granger y allí viró y atravesó el automóvil en el camino para que nadie pudiera pasar. Luego se puso a pitar y a pitar.

—¿Tú fuiste hasta allá?

—Sí, pero mientras atravesaba el campo para llegar hasta donde alcanzaba a oír lo que ocurría, el señor Granger había salido y estaba parado en el porche de su casa, y el señor Jamison le estaba diciendo que ni el jefe de policía ni nadie iba a impedir que lo ahorcaran por sólo esa floja razón que él había mandado a la casa de los Averys. Pero el señor Granger no hacía nada allí parado en su porche y parecía con sueño y fastidiado, y por fin le dijo al jefe de policía: «Hank, usted encárguese de esto. Para eso lo eligió la gente». Entonces Kaleb Wallace saltó de su automóvil y trató de quitarle las llaves al señor Jamison, pero él las tiró entre las matas de flores del señor Granger y nadie las pudo encontrar, así que Roberto y Melvin fueron y empujaron el automóvil del señor Jamison para quitarlo del camino. Subieron otra vez todos a sus automóviles y ya iban a arrancar cuando el señor Granger bajó corriendo del porche gritando como si hubiera perdido el seso: «Viene humo de allá, de mi bosque. Seca como está esa madera, si prende el fuego no dejará de arder en una semana. Entréguenle ese mozo a Wade como él quiere y corran allá». Y todos corrieron de aquí para allá buscando palas y cosas, luego volvieron camino abajo hacia la casa de los Averys y atravesaron el bosque hasta nuestra tierra.

—¿Entonces fue cuando el señor Morrison te encontró?

Stacey asintió.

—Me encontró cuando yo seguía a esos hombres otra vez al bosque.

Me quedé muy quieta, escuchando los suaves ruidos del amanecer, los ojos fijos en el campo. Todavía quedaba alguna cosa que no comprendía. Stacey señaló al camino.

—Allá vienen mi papá y el señor Morrison.

Caminaban con paso lento y fatigado hacia el sendero de entrada. Ambos corrimos a su encuentro, pero antes de que pudiéramos salir al camino se acercó un automóvil y se detuvo directamente detrás de ellos. Era el señor Jamison. Stacey y yo nos quedamos curiosos en el prado, bastante lejos para no ser notados, pero bastante cerca para poder escuchar.

—David, conviene que usted lo sepa —dijo el señor Jamison—. Vengo de Strawberry para ver a los Averys...

—¿Es grave el caso?

—Jim Lee Barnett... murió esta madrugada a las cuatro.

Mi papá golpeó la capota del automóvil recio con el puño cerrado y se volvió hacia el campo, cabizbajo. Los tres guardaron silencio un largo, larguísimo minuto. Luego el señor Morrison preguntó:

—¿El muchacho cómo está?

—El doctor Crandon dice que tiene un par de costillas rotas y la quijada fracturada, pero quedará bien... por ahora. Yo me voy a ver a sus padres para informarles y llevarlos al pueblo. Sólo que pensé que era mejor informarle a usted primero.

—Yo los acompaño —dijo mi papá.

El señor Jamison se quitó el sombrero y se pasó los dedos por el cabello, húmedo sobre la frente. Luego apretó los ojos y miró sobre el hombro hacia el campo. Habló lentamente como si no quisiera decir lo que iba a decir, y tirándose de una oreja:

—Todos creen que fue un rayo que cayó en esa

331

cerca suya y prendió el fuego... Mi opinión es que usted haría bien en mantenerse alejado de todo esto, David, y no darles motivo para que se acuerden de usted por ahora, sino que digan que sufrió su castigo perdiendo la cuarta parte de su algodón...

Hubo un silencio cauteloso. Mi papá y el señor Morrison tenían el rostro adusto, surcado de líneas de fatiga. El señor Jamison concluyó:

—O si no, alguien se puede poner a cavilar sobre el incendio...

—Stacey —susurré yo al oído de mi hermano—, ¿qué quiere decir con eso?

—Cállate, Cassie, cállate —me dijo sin quitarles los ojos.

—Pero yo quiero saber...

Stacey me miró entonces duramente, la cara rígida, sus ojos llenos de angustia, y sin que me dijera ni una sola sílaba, de pronto comprendí todo. Comprendí por qué el señor Morrison había ido solo a buscarlo; por qué el señor Jamison temía que mi papá se presentara en el pueblo. Mi papá había encontrado una manera, como mi mamá quería, de obligar al señor Granger a suspender el linchamiento: él mismo había provocado el incendio.

Y vi entonces que ésta era una de esas cosas que se saben y no se saben, algo de lo cual no se puede hablar nunca, ni siquiera entre nosotros mismos. Stacey vio en mis ojos que yo ya sabía y que comprendía el significado de lo que sabía, y dijo simplemente:

—Ya se va el señor Jamison.

En efecto, el señor Jamison dio la vuelta en el sendero de entrada y regresó hacia la casa de los Averys. Mi papá y el señor Morrison lo vieron alejarse, luego este último se fue en silencio a hacer sus oficios matinales y mi papá, con los ojos colorados, se dio por primera vez cuenta de nuestra presencia.

—Pensé que ya todos estarían en la cama —dijo sin sonreír.

—Papá, ¿que le irá a pasar a Timoteo? —le preguntó Stacey.

Mi papá miró al sol naciente, una mancha roja redonda detrás del brumoso calor. No contestó inmediatamente y parecía que debatiera en su interior si debía contestar o no. Al fin, muy lentamente, me miró primero a mí, en seguida a Stacey, y dijo solamente:

—Por ahora está en la cárcel.

—¿Y después...?

—Es posible que lo condenen a trabajos forzados.

—¿Papá, lo podrían... lo podrían condenar a muerte? —preguntó Stacey casi sin aliento.

—Hijo...

—¿Lo podrían condenar?

Mi papá nos puso encima sus fuertes manos y nos miró fijamente.

—Yo nunca les he mentido, ya lo saben.

—Sí señor.

—Pues ahora... ¡ojalá que les pudiera mentir!

—¡No, papá, no! —exclamé yo—. No pueden matar al pobre Timoteo. Con su cháchara él se sale de cualquier lío. Además, tampoco ha hecho nada como para que lo condenen a muerte. Fueron los Simms. ¡Diles eso!

Stacey, sacudiendo la cabeza, dio unos pasos atrás, callado, no queriendo creer y sin embargo creyendo. Con los ojos inundados de gruesas lágrimas dio media vuelta y corrió al camino a esconderse en el bosque.

Mi papá se quedó viéndolo, teniéndome a mí abrazada.

—Oh, papá, ¿tiene que ser así?

El me levantó la barbilla y me miró suavemente.

—Lo único que yo puedo decir, Cassie, mi niña... es que no debiera ser así.

Luego, echando otra mirada al bosque, me tomó de la mano y me llevó a la casa. Mi mamá, pálido y fatigado el rostro, nos estaba esperando cuando subimos las escaleras. El Chico y Juan Cristóbal ya estaban acostados, y una vez que mi mamá me tocó la frente y me preguntó cómo me sentía, me mandó a acostar también a mí. Mamá Grande ya se había ido a casa de los Averys y yo me metí en la cama sola. Pocos minutos después entraron mi mamá y mi papá para arroparme, hablando palabras blandas y frágiles que parecían a punto de quebrarse. Su presencia alivió mi pena y no lloré. Pero después de que salieron y vi por la ventana a mi papá que desaparecía en el bosque en busca de Stacey, las lágrimas me rodaron profusamente por las mejillas.

Por la tarde cuando despertara, o mañana o al día siguiente, mis hermanos y yo seríamos aún libres para correr por el camino rojizo, vagar por entre los viejos árboles del bosque, tendernos perezosamente a la orilla de la laguna. Llegado octubre, volveríamos a la escuela como siempre, descalzos y refunfuñando, luchando con el polvo y el barro y el autobús de la escuela Jefferson Davis. Pero Timoteo nunca más estaría con nosotros.

A mí nunca me había gustado Timoteo, pero él había estado siempre allí, como parte de mí misma, de mi propia vida, lo mismo que el barro y la lluvia, y yo pensaba que siempre estaría allí. El barro y la lluvia y el polvo pasarían. Eso yo lo sabía y lo entendía. Lo que le había ocurrido a Timoteo en la noche, yo no lo entendía, pero sabía que no lo olvidaría. Y lloré por lo que había ocurrido esa la noche y que jamás olvidaría.

Lloré por Timoteo. Por Timoteo y por la tierra.

Torre verde (para jóvenes adultos):

La prisión de honor
Lyll Becerra de Jenkins

Cuando el periodista Maldonado se niega a interrumpir los continuos ataques que hace en sus editoriales al dictador de su país, lo llevan prisionero, con su familia, a una casa abandonada en los Andes. Marta Maldonado narra cómo su familia lucha contra el aburrimiento, el hambre y el miedo, y cómo se esfuerza por soportar con dignidad la humillación y la represión de las cuales es víctima

Las minas de Falun y Afortunado en el juego
E. T. A. Hoffmann

Las minas de Falun narra la historia de un joven minero que, seducido por el fantasma de un marinero, llega a Falun y vive una historia de amor contrariada por los espíritus de las profundidades de la tierra. *Afortunado en el juego* relata la triste experiencia de un hombre que sucumbe ante la pasión del juego, y que intenta salvar de esta poderosa atracción a un distinguido barón.

El camino de los fresnos
Iván Southall

Primero sintieron aquel calor agobiante y el olor a humo. Después escucharon la sirena de los bomberos, y los adultos comenzaron a comportarse de manera diferente de la acostumbrada. Poco a poco se dieron cuenta de que estaban solos y el pánico los invadió... ¡Debían hacerle frente a aquel drama inusitado y aterrador!

El Papagayo Azul
Jacqueline Mirande

Corre el año 1848: Napoleón III es el soberano de Francia, y muchos de los revolucionarios que lucharon por instaurar la República se encuentran en el exilio. El joven Mathieu desconoce lo que está sucediendo en su país, pero uno de los exiliados franceses lo involucra en una peligrosa aventura cuando desembarca clandestinamente en Francia para llevarlo con él a Inglaterra. En El Papagayo Azul, un bar frecuentado por marineros, comienza a vislumbrarse la buena suerte que acompañará a Mathieu durante todo el viaje.

El «Lunático» y su hermana Libertad
Paul Kropp

La era de los hippies pasó hace ya muchos años, pero el padre de Ian y Libertad McNaughton insiste en seguir en esa onda, y constantemente hace avergonzar a sus hijos. Ian es el «Lunático», un chico demasiado brillante para ser aceptado, que está convencido de que es un extraterrestre que se encuentra en la Tierra en una misión especial. Líber desea ser popular y aceptada socialmente a cualquier precio. Cuando la madre, que había desaparecido años atrás reaparece convertida en una *yuppie*, Ian y Líber se ven en medio de dos extremos, con resultados muy divertidos.

El disfraz disfrazado y otros casos
Ellen Raskin

Dickory Dock jamás imaginó que al trabajar como aprendiz de Garson, un célebre y enigmático retratista, tendría que actuar como espía, detective y guardiana de un fabuloso tesoro. Tampoco sospechó que ella se convertiría en el sargento Kod, asistente de confianza del inspector Noserag (Garson, escrito al revés, casi), y que juntos resolverían cinco misteriosos casos.

La casa de Lucie Babbidge
Sylvia Cassedy

En la escuela la llaman Lucie la Gansa y la señorita Pimm dice que es terca, pero en la casa de Lucie Babbidge todo es diferente: allí Lucie es alguien muy especial. Sin embargo, en su mundo hay muchos misterios y no todo es como parece ser. Lucie tiene recuerdos borrosos de su pasado y lleva una vida secreta de la cual nadie sabe.